城郭ウオッチングのすすめ

伊東冨士雄

東京図書出版

わたしの好きな城　江戸城富士見櫓（はしがきにかえて）

１００名城を何カ所かめぐった後、皇居の一般参賀でこの城を目にしたとき、こんな立派な城が東京にあったことに驚きました。

２０１９年1月2日のことです。

その名は江戸城富士見櫓。

慶長11（１６０６）年頃創設された江戸城に唯一現存する三重櫓です。

明暦の大火（明暦３〈１６５７〉年）の際、天守と共に焼失しました。

しかし、２年後、復元。

関東大震災（大正12〈１９２３〉年）で壊れましたが、２年後セメントで修復されました。昭和42（１９６７）年の修理で旧態の白漆喰総塗籠の大壁に戻されました。保科正之の提言で江戸城の天守は復元されていません。天守なき江戸城にあって、この富士見櫓が天守の代用とされてきました。三階櫓で、地方の城の天守と比べても遜色ない姿をたもっています。日本１００名城、続

江戸城富士見櫓

日本100名城を8年かけてめぐってきたわたしの今、一番好きな城です。わたしの名前も冨士雄です。

100名城を中心とした城郭ウオッチングで感じたこと、思ったこと、学んだことなどを「ふうちゃんのお城ブログ」(https://blog.goo.ne.jp/fuhchan2399) に書いてきました。この本はそれをもとにまとめてみました。

城郭ウオッチングのすすめ◇目次

わたしの好きな城　江戸城富士見櫓（はしがきにかえて）……1

第1章　城郭ウオッチングから学ぶ……9

小机城と城郭ウオッチング……9
私見日本100名城（続を含む）めぐりの効用……12
江戸城ウオッチング……17
小田原城惣構をゆく……46
金山城をゆく……51
五稜郭――見隠塁・刎ね出し……59
もう一つの五稜郭　龍岡城……66
学生時代から何度も訪れた城　小諸城……70
戊辰戦争の舞台　松前城……79
子どもたちと何回も行ったことのある松本城……85
伊達政宗公像にまつわる話　仙台城……89

高崎城と前橋（厩橋）城……93
初めて訪ねる土方終焉の地と四稜郭……102
伊東潤との出会い（大島圭介と中島三郎助）……107
江戸無血開城と洗足池……115
太田道灌と三谷小……122
江戸城と青梅街道……133
第2章　**現存天守について**……137
現存12天守　訪問記……137
第3章　**現存三重櫓について**……152
明石城と弘前城の三重櫓。おぼろげな記憶を修正する……152
現存の三重櫓2……154

第4章　子ども・保護者・町内会とお城について学ぶ……161

ふうちゃんのお城検定入門（ふうちゃん小学生に授業）……161

小学生と江戸城訪問……173

小学生とその保護者を小田原城へ……190

町田市の町内会での講演……204

第5章　日本城郭検定を通してお城を学ぶ……211

日本城郭検定での七尾城との出会いと日本城郭検定に対する基本姿勢……211

太閤さんの大坂で、庶民の支持を得る苦労　大坂城西の丸乾櫓……215

白老陣屋……220

赤門との再会　黒井城……227

小諸城三の門は復元か……231

写真との再会・名古屋城表二の門と盛岡城烏帽子岩──お城の写真との新たな出会い──……237

写真との新たな出会い　松江城、福知山城……241

第6章　日本城郭検定を目指す人へ……247

日本城郭検定～傾向と対策～その1……247

日本城郭検定～傾向と対策～その2　忘備録より1……253

日本城郭検定～傾向と対策～その3　忘備録より2……257

日本城郭検定直前対策臨時号……261

日本城郭検定　直後のレポート……264

第7章　杉渕尚さんからお城について学ぶ……268

杉渕尚さんからお城について学ぶ……268

特別寄稿　同行親子・元気な桃に出会う旅……279

ふうちゃんのファミリーヒストリー　江戸城の石垣（あとがきにかえて）……286

主な引用・参考文献……290

第１章　城郭ウオッチングから学ぶ

小机城と城郭ウオッチング

サッカーの競技場（ラグビーワールドカップの会場にもなった）「日産スタジアム」への下車駅、ＪＲ横浜線小机駅があります。ここから日産スタジアムとは反対の方向へ徒歩15分、戦国時代の城「小机城」があることは、続日本１００名城めぐりを始めるまでは知りませんでした。

城には、いろいろなドラマが展開されている事が多いものです。

太田道灌が詠んだ狂歌といわれるものがあります。

「小机はまず手習ひのはじめにて　いろはにほへと　ちりぢりになる」

その意味は「小机城なんざ手習いの初めのようなもので、いろはに

ほへとと書くように落としてみせる」となります（伊東潤『歴史作家の城めぐり』〈増補改訂版〉115頁幻冬舎新書）。

太田道灌が小机城を攻めるときに詠んだ狂歌で、士気を鼓舞して攻め落としました。道灌本人の歌かどうかは不明だそうです。太田道灌（1432－1486）がこの小机城で勝利を収めたことは確かです。

その勝ち誇った姿は、どのようなものだったのでしょうか。

時代を経て小机城は小田原の北条氏のものとなりました。

上杉謙信の死後、跡継ぎを巡って争われた御館の乱。

上杉景勝と争って破れた北条（長尾）三郎。越後に向かうまでの二カ月間、小机城の城主になっています。小説の世界ですが、好きな女性と幸せな日々が描かれています（伊東潤『北天蒼星』角川文庫）。

このような、過去の歴史をひもときながら城めぐり（城郭ウオッチング）をしています。

城に行くことは「登城する」と一般的に言われているようですが、この言い方に、わたしは、いささか抵抗があります。

封建時代の家来が藩主のもとにはせ参じるわけではありません。何か相応しい言い方はないかと思いを巡らせていました。

わたしは、小学校の社会科の教師として、教材ウオッチングをしながら教材開発をライフワークとしてきました。

「そうだ、ウオッチングだ」

小机城の空濠と土塁

冠門と曲輪

ということで、「教材ウオッチング」の一環として「城郭ウオッチング」を組み込むことにしました。

昨今のコロナによる自粛生活が続くと、道灌や三郎に思いをはせながら小机城を歩いてみたいと思います。11頁の写真は、今、紹介した道灌や三郎のストーリーを知る前に撮ったものです。

土塁、空堀、曲輪がはっきり見て取れます。冠木門が曲輪に復元されています。

下の写真は、小机城から日産スタジアムを眺めています。改めて、道灌や三郎のストーリーを頭に描きながら、小机城をウオッチングしてみたいと思っています。

私見日本100名城（続を含む）めぐりの効用

みなさんは、47都道府県をいくつ訪れたことがあるでしょうか。通過ではなく、一度でも足を踏み入れたこと

小机城から日産スタジアムを眺める

がある場合、途中下車で駅のホーム、空港の搭乗口、船の桟橋等に足を踏み入れたことがある場合は、訪れたことがあるとカウントしてよいことにします。わたしは、全て訪れたことがあります。両親を含め東京生まれ東京育ちのわたしですが、親と江の島（神奈川県）に海水浴に行ったり林間学校で日光（栃木県）に行ったり、都外に出ることはありました。都外に出たスタートがいつどこであったかは、はっきり記憶にありません。わたしが、意図的に意識して都外の道府県を回り始めたのは、大学３年の21歳のとき松島（宮城県）からです。そのゴールは35歳山寺（山形県）でした。14年かかったことになります（わたしの周囲にも47都道府県を全て訪れたことのある人はそう多くありません）。この時点で、最も多く行ったのは、北海道でした。今は長野県です。毎年、軽井沢に来ているからです。今も軽井沢でこれを書いています。近くの渓流に水芭蕉が咲いていました。

さて、本題に入ります。日本城郭協会のＨＰ（令和６

軽井沢の水芭蕉

年1月現在）によりますと日本１００名城認定者が６０２０名、続日本１００名城認定者が１６３４名います。日本１００名城の選定基準は、優れた文化財・史跡であること、著名な歴史の舞台であること、時代・地域の代表であること、各都道府県に1～5カ所。続日本１００名城も１００名城と同様の選定基準になっています。

日本城郭協会が平成19（２００７）年１００名城めぐりのスタンプラリーを始めて14年間に、４７８３人の方々が、1～2回は、47都道府県を回ったことになるのです。わたしは、２０１６年8月から２０１９年11月まで、３年３カ月をかけて２００の城をめぐりました。この間、47都道府県を少なくとも2周したことになります。城を訪ねることが目的とはいえ、47都道府県を訪ねていることは事実です。この間、城だけを見ているわけではないと思います。各都道府県の自然、地理、歴史、文化、食など様々な事物・事象に触れるはずです。

２０１９年5月30日に徳島城を娘と二人で訪ねました。

徳島城には阿波の青石といわれる緑色片岩の石垣があります（お城）。

徳島市は吉野川の河口にあります（自然、地理）。

阿波踊りが有名です（歴史、文化）。

そして、徳島ラーメンがあります（食）。

写真はありませんが、焼き鳥屋で食べる焼き鳥のことを阿波尾鶏《あわおどり》と言います。阿波踊りをもじっています。

実際に徳島県を訪れることで、徳島県の社会的な事物、事象に触れることができました。それぞれの都道府

徳島城石垣

眉山からの徳島市内

阿波踊り会館

徳島ラーメン

県で様々な事物・事象に直接触れることができるはずです。これこそ、100名城めぐりの効用であり、教材ウオッチングのまたとない機会といえると思います。

江戸城ウオッチング

■江戸城の櫓

クイズです。

わたしのパソコンの待ち受け画面にはお城があります。ZOOMの背景画面にも同じお城が出てきます。

このお城はどこの都道府県にあるでしょうか。

　青森県　愛知県　福井県　東京都

正解は東京都です。

これを聞いて意外に思われる方がいるのではないでしょうか。東京にお城なんてあるのかとお思いの方がいるかもしれません。このお城は東京都千代田区皇居（江戸城）の中にあります。江戸城富士見櫓です。明暦の大火（1657年）で江戸城の天守とともに焼失。万治2（1659）年富士見櫓は再建され、代用天守として使われてきました。「今一番好きな城は」ときかれたときには「江戸城富士見櫓」と答えています。

待ち受け画面

ZOOMの背景画面

わたしの名前が富士雄だからです。わたしも初めてこの富士見櫓を近くで見たときには東京にもこんなお城があるのかと驚きました。わたしがそれまでに訪れた弘前城、犬山城、丸岡城の天守と比べても遜色ないからです。

富士見櫓は立派な石垣の上に建っています。天守台の標高30ｍに次いで標高23ｍの高い所に建っています。先日、あるところで、「江戸城富士見櫓の石垣を造ったのはだれか」と聞かれました。わたしは、不本意にも全く答えられませんでした。まだ、まだ、知らないことがある。答えは加藤清正だそうです。石垣ではありませんが、わたしの身近な散歩コースにこんな所があります。池上本門寺の96段ある石の階段です。加藤清正が慶長（１５９６～１６１５）年間に寄進したと伝えられています。そして、２０２１年の大晦日に散歩で訪れた本門寺では清正公生誕４６０年、此経難持坂（96段の石段のこと）建設４００年報恩事業として三重塔形式の清正公堂再建工事が始まっていました。今はもう完成に近づ

富士見櫓

いています（２０２４年1月現在）。

ところで、江戸城には富士見櫓の他にも現存の櫓があります。

まず、二重橋の向こうに見える伏見櫓です（21頁上・下）。近くから見ると土塁の上に石垣を組んで建っています。

次は桜田巽櫓です（22頁上）。

いつでも至近距離から見ることができます。

22頁下の写真は、右から桜田巽櫓、真ん中に桔梗門、左に富士見櫓が見えます。

富士見櫓がこうして普通に見えるところを探すのも江戸城めぐりの楽しみです。

先日、後輩の結婚式で行ったパレスホテルからは右奥に富士見櫓、左手前に桜田巽櫓を見ることができました。

清正公堂

此経難持坂

二重橋と伏見櫓

伏見櫓

桜田巽櫓

富士見櫓・桔梗門・桜田巽櫓

２０２２年はお正月の一般参賀が中止になりました。早く自由に何の心配もなしにお城めぐりができる日が来ることを願っています。一般参賀のときに皇居の中に入ると富士見櫓、伏見櫓を至近距離で見ることができます。

■皇居（江戸城）乾通り一般公開

２０２２年11月30日、皇居乾通り一般公開に行きました。ふうちゃんのお目当てはやはりこれです。富士見櫓です（24頁上）。正面から富士見櫓を見ることができます。こちらから見ると加藤清正がつくったといわれる高石垣の上に載っています。

一方、いつも東御苑から見ている北面は24頁下の写真です。

高い石垣の上に載っているようには見えません。北面には破風がありません。南面には、唐破風、千鳥破風があります。

パレスホテルからの桜田巽櫓と富士見櫓

富士見櫓・南面と石垣

富士見櫓・北面（東御苑から見る）

この富士見櫓の姿を見るには、今回のような特別公開、皇居一般参観（事前申し込み、当日受付整理券をもらう）に参加する必要があります。でも、今回の一般公開の本来のねらいは秋の風景、紅葉を愛でることにあるのでしょう。ご心配なく富士見櫓には紅葉がよく似合うのです。

しかし、今回、乾通りを通っているふうちゃんが気付いたのは石垣の見事さです。大坂城に負けていません。

城壁に2カ所の突出部を並べて、その間に挟まれた凹の部分に両側から横矢を掛ける厳重な構えの合横矢の掛かった石垣が目に飛び込んできました。さらに、富士見多聞が載っているこの石垣です。

城壁に桝形（四角の突出部）を向ける横矢桝形になっているのです。南詰橋と段築の石垣に目が行きます。

雁行の石垣が素晴らしい（26・27頁）。

もちろん、乾通り一般公開の主目的、紅葉の美しさも堪

紅葉の美しい富士見櫓

合横矢の掛かった石垣

富士見多聞が載っている石垣（横矢桝形）

段築の石垣

雁行の石垣

能したふうちゃんです。

■幻の江戸城めぐり（2020年3月10日）

大田区退職校長会の歴史散歩の会で江戸城めぐりの計画を立てたのですが、未実施です。実地踏査（下見）後に計画をまとめました。主なコース（見学のポイント）は2時間です。**太字についての写真と説明があります。**

九段下2番出口集合

1　牛ヶ淵と土塁（腰巻き土塁、鉢巻き土塁）

2　牛ヶ淵と千鳥ヶ淵の水面の比較（水戸違い・水量の調整）

3　田安門（江戸城で最も古い桝形虎口の城門）

4　近衛第一連隊、近衛第二連隊跡

5　気象庁施設

6　吉田茂像

7　清水濠・牛ヶ淵（水戸違い・水量の調整）

8　清水門（二重桝形、幅広い階段、青海波、一引両）

9　竹橋門跡

10　平川濠（高石垣、折れ）

11　北詰橋・北詰門
12　天守台（切込接の完成形、算木積）
13　天神濠
14　平川門（搦手門、大奥女中、時間厳禁、石狭間）
15　帯曲輪門・山里門（不浄門、死人、罪人）
16　パレスサイドビル屋上（江戸城全景）
竹橋駅解散

ここでは**予告編**として、何枚かの写真を載せます。

下の写真は日本武道館（タマネギ）に行くときに、知らず知らず通っている田安門です（武道館・タマネギが左に見えます）。

明暦の大火でほとんどの建物が焼けてしまった中で焼け残った、今ある江戸城の建物の中で最も古い建物です。それを証明するのが次頁上の写真です。

上の櫓門とセットになって桝形を造っている高麗門の

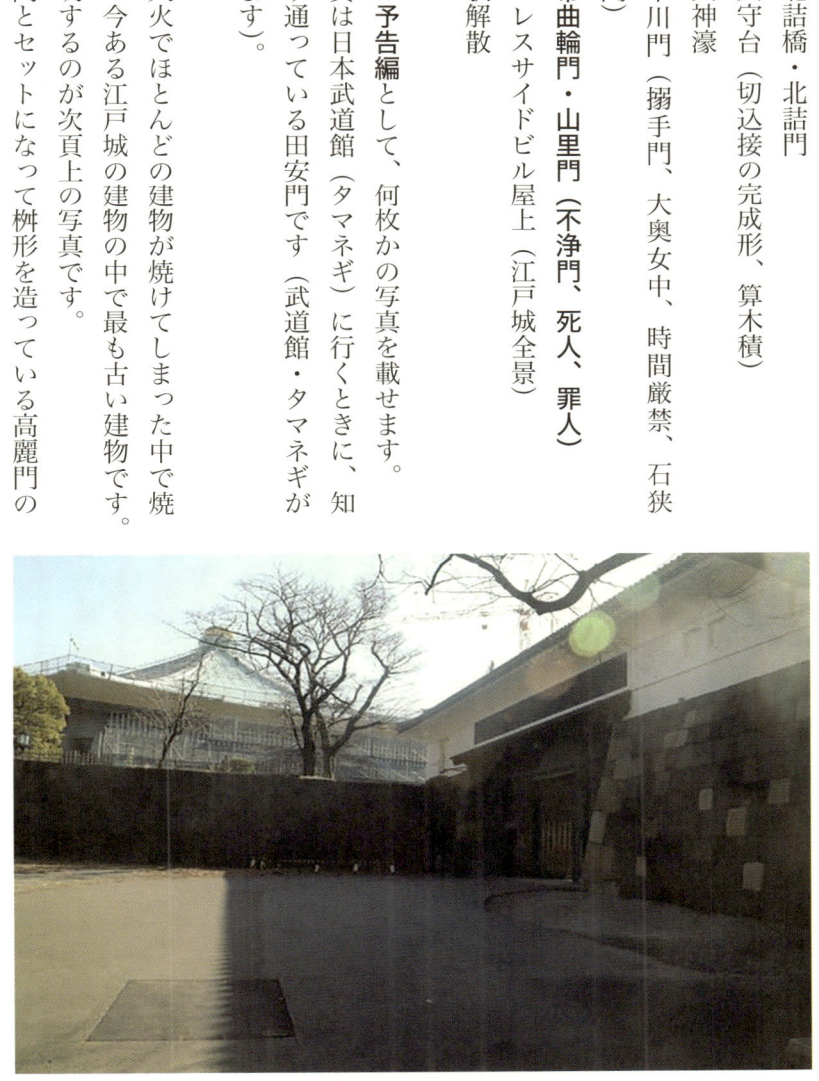

田安門櫓門と武道館（タマネギ）

高麗門の金具（肘壺）

牛ヶ淵と清水濠

扉の金具（肘壺）に書かれている銘文です。「寛永十三（1634）年丙子暦九月吉日九州豊後住人御石火矢大工渡邊石見守康直作。」

明暦の大火は、明暦3（1657）年に起きています。寛永13（1636）年にできた田安門は明暦の大火以前にできて、今日まで建っています。江戸城で最も古い建物なのです。この最も古い門をくぐり、わたしたちの城めぐりは始まります。

江戸城は武蔵野台地の端にあり、結構起伏があります。お濠の水を一定の水位に保つには、水位の調整が必要になります。

手前（牛ヶ淵）と向こう（清水濠）で水位が違う事が分かると思います。土橋にかかる石橋が水位調整の役割を果たしています。手前（牛ヶ淵）の水が急激に向こう（清水濠）に流れないように工夫しています。

次は、平川門櫓門のお城側から見たところです。ここは搦手門で大奥の女中さんはここから出入りしていました。時間厳守だったようで、春日局でさえ、時間を守らなかったときには通してもらえなかったようです。

平川門にはその隣に別の門があります。

死人と罪人を通す門（山里門）です。生きてここを通ったのは、忠臣蔵の**浅野内匠頭**、絵島・生島事件の**絵島**の2人だけだったそうです。ここまで、何枚かの写真で見学のポイントに触れてみました。早く、城めぐり（城郭ウオッチング）に出かけたいと思います。

平川門櫓門

山里門

■伊東潤オフ会

２０２３年９月９日（重陽の節句）は、わたしの75歳の誕生日でした。後期高齢者になりました。これからも、城郭ウオッチング（城めぐり）を友に過ごしていきたいと思います。丁度タイミングがよいことに伊東潤読書会で江戸城に行くオフ会がありました。

午前中は地域運営学校の会議（現在の公の仕事）があったので午後からの参加となりました。講師のサイガさんの案内で新しいことを学びました。

この土塁、どこにあると思いますか。わたしはこれを見たとき、先日訪れた前橋城の土塁（98・99頁）を思い出しました。清水門から清水濠の向こうに高石垣が見えますが、石垣の向こう側にこの土塁があるのです。

土塁を挟んであるのが機動隊の宿舎（代官町住宅）です。

清水門から清水濠の向こうの高石垣

土塁

この住宅を挟んで皇宮警察と第一機動隊があります。江戸時代は旗本、戦前は近衛師団、今は機動隊。その時代に応じた土地利用がなされているのです。今まで何回も清水濠の向こうから石垣を眺めたことはありましたが、その内側を歩くのは初めてでした。江戸城は奥が深いです。

大手門の桝形の空間に置いてある鯱矛です。大手門（櫓門）の屋根に実際に載っていたものです。

魚のうろこは頭から尾に向かって入っているのですが、お城の鯱のうろこは尾から頭に向かって入っています。雨が鯱の中に入り込み、鯱が壊れやすくならないようにするためだそうです。

今は首都高速道路の下になっている雉子橋（竹橋ＪＣＴの近く）あたりは北から多くの兵が江戸城に向かって攻めてくることに備えて道が狭くなっていたそうです。一度に通さず足止めをするためです。北の守りを固める

機動隊の宿舎（代官町住宅）

大手門鯱矛

工夫がありました。

江戸城のお濠は半蔵門辺りの標高が高く、その高さを利用して水を低いところに流しています。土橋や堤防を設けて、一度に水が流れず少しずつ流れるように水量の調整をしながら流しています。弘前城ではそのしくみを水戸違いといっていました。

しかし、江戸城ではその場所に行っても流れている水を見ることがなかなかできません。今回は桔梗門と田安門で見ることができました。数日前にかなりの雨量があったからだと思います。

このように水が濠から濠へ流れている所を見るのは初めてでした。

田安門正面櫓門、桝形の空間、右に高麗門、その奥に靖国神社の大鳥居がかすかに見えます。

この田安門は、江戸城の現存する建物の中で一

蛤壕と土橋、桔梗門、桔梗濠に流れる水

千鳥ヶ淵から田安門、土橋を経て牛ヶ淵へ

田安門櫓門と高麗門と靖国神社の鳥居

番古い建物です。

江戸城めぐりの一番の最終点は靖国神社の大村益次郎像でした。

大村益次郎は司馬遼太郎の『花神』の主人公村田蔵六です。医師であり、蘭学を学び兵法を極めました。

今日行った富士見櫓の上から上野の山の戦況を見て指揮していたとも言われています。今日の講師のサイガさんから、石見（益田）の戦いでは、戦況を緻密に予測しそれに対する兵を配置し、見事に的中させ勝利を収めたという話がこの像の前でありました。学びの多い江戸城でした。同じ城に行っても必ず発見や新しい学びがあるのです。だから、次回が楽しみなのです。

■ちょっとオタクな江戸城

大田区退職校長会歴史散歩部会より「２０２３年10月20日㈮に江戸城めぐりを半日で実施したいから計画作成と当日の案内をしてほしい」という依頼がありました。ところが、金曜日は江戸城東御苑が休園なのです。大手門、平川門、本丸

大村益次郎像

跡、天守台、百人番所、中之門、富士見櫓など定番の見学場所に行けないことを意味します。わたしが行きたいと思って、まだ行っていないところ、それは道三濠跡です。豊臣秀吉の命令で徳川家康が天正18（1590）年江戸にやってきて、初めて手掛けたのが道三濠の開削です。物資を輸送するための水路を作ったのです。和田倉門の中には倉庫があったのです。以下インターネットに載っている説明と地図です。

道三堀　天正18年（1590年）に徳川家康の命により、江戸城へ江戸城建設の物資・生活用品を運ぶ船入堀として、江戸城の和田倉門橋から平川（日本橋川）の河口の呉服橋門まで開削され、江戸湊へ続く運河。平川まで約1㎞余の長さで、人工水路として江戸で初めて造られた堀である。南岸に幕府の侍医、曲直瀬家（2代目道三）の屋敷があったことから、道三堀と呼ばれた。江戸城への輸送路として活用されたが、明治43年（1909年）に埋め立てられた。

道三堀 ―― https://ja.wikipedia.org/wiki/道三堀

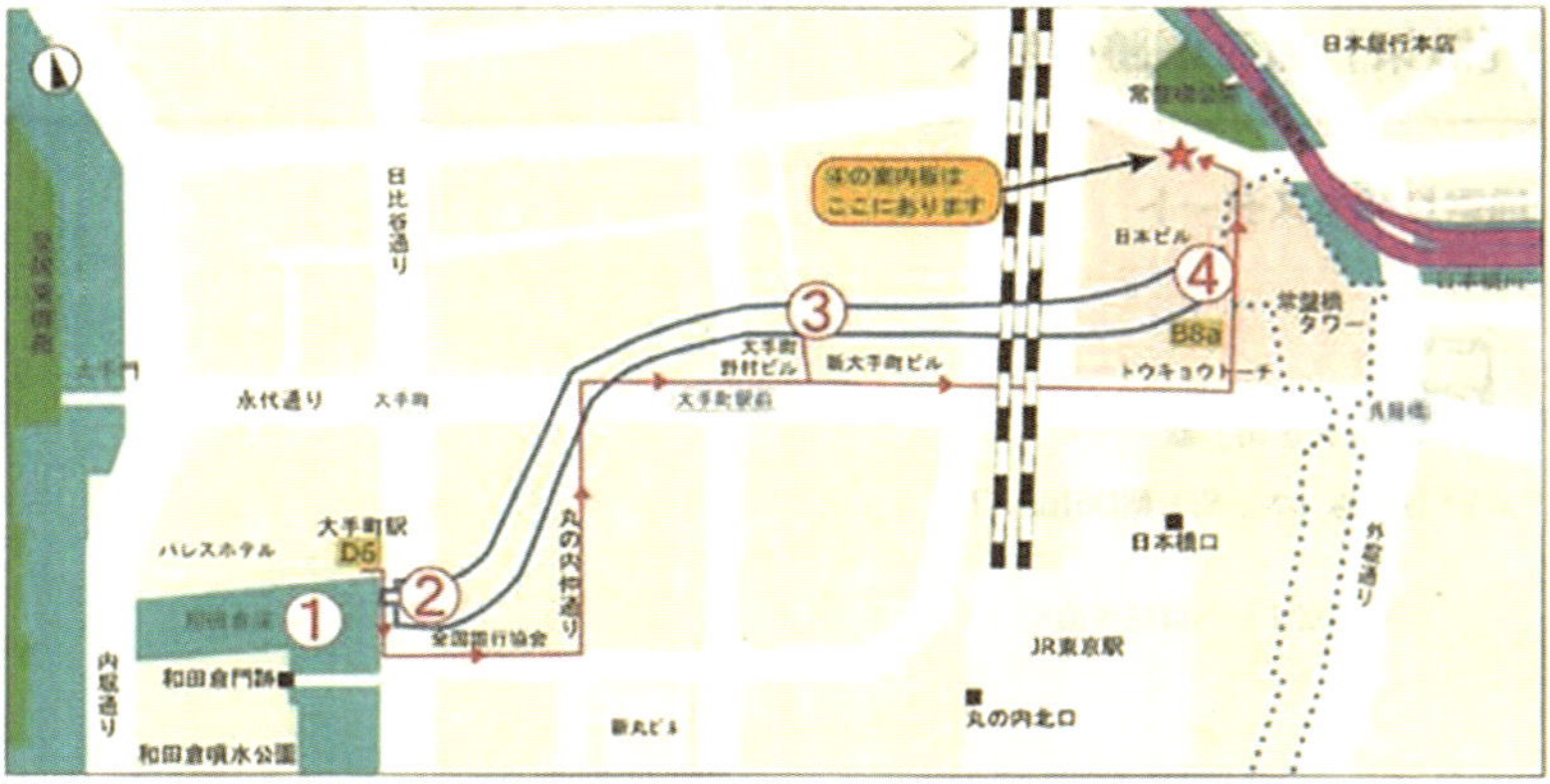

①和田倉濠／②辰ノ口跡（道三堀）／③道三橋跡（道三堀）／④銭瓶橋跡（道三堀）

道三堀跡 ―― 丸の内から大手町のオフィス街に眠る運河 ―― ひとりで東京歴史めぐり（https://taichi-tokyo.com）

和田倉門桝形

和田倉門橋

前置きはこれくらいにして、東京駅丸の内中央口に集合して出発しましょう。和田倉濠にかかる和田倉門橋を渡ると和田倉門の石垣、桝形があります。

門の中には一の蔵があったようです。この和田倉堀に道三濠の入り口がありました。そして、現在全国銀行協会ビルのあるところに辰ノ口という荷揚げをする岸がありました。今は41頁上の写真のようなところです。辰ノ口跡というような案内板が欲しいです。

永代通りに沿って進みます。周囲は高層ビルが立ち並んでいます。そのビルとビルの間に全く違った空間がありました。みずほ銀行のOOTEMORI（大手町の森）です。当時、道三濠が通っていたであろうあたりにです。こんな雰囲気です。

なぜ、この森が作られたか、案内板に次のような説明がありました。「東京の中心に、もう一度、人が心地よく息づける環境を。そんな願いから生まれた『大手町の森』。めざしたのは、より自然の姿に近く、この地にふさわしい植物が織り成す森。大手町本来の植生を調べ選ばれた木々草花を、別の地で3年間に及ぶ検証を経て育み、大手町に移植しました。人工的に整備された広場や公園ではなく、自然の営みを再現したこの森が、都市の生命を潤し、都市の未来を描きます。千葉県の君津グリーンセンターで、『大手町の森』の一部をあらかじめ実現。3年かけて樹木の生育、土壌の適性などを検証。改良を重ねた後、大手町に移植しました。」

全国銀行協会ビル

大手町の森

このような目的で実現した大手町の森ではありますが、家康が１５９０年に開削した道三濠の跡を求め歩いているわたしにとって、家康が目にしていた自然や環境を想像するのに足る資料を提供してくれているように思えてくるのです。

今回のコースを歩いていて最も感動したのがこの森との出会いでした。

追伸10月24日
もし、わたしが大手町の森を企画するときにいたら、ここが道三濠の跡地であることを意識して「家康から現在そして未来の森へ」としたと思いますが、いかがでしょう。企画段階で家康が意識に入っていなかったのではと思われます。独断と偏見ですが、お許しください。

いよいよ今回のメインである道三濠にかかる二つの橋の跡を訪ねます。道三橋跡です。
野村ビルと新大手町ビルの間の道にあります。ここに橋がかかっていたのでしょう。

次が銭瓶橋跡です。
本来の場所はビル工事のため訪れることはできません。千代田区作成の看板が常盤橋公園のある道路の反対側の信号近くにあります。そこにある地図で道三濠と外濠が一緒になった所から、中央に銭瓶橋、奥に道三橋が見えます。当時の風景が想像できます。ここから、箱根駅伝のゴールである読売新聞本社まで、大手

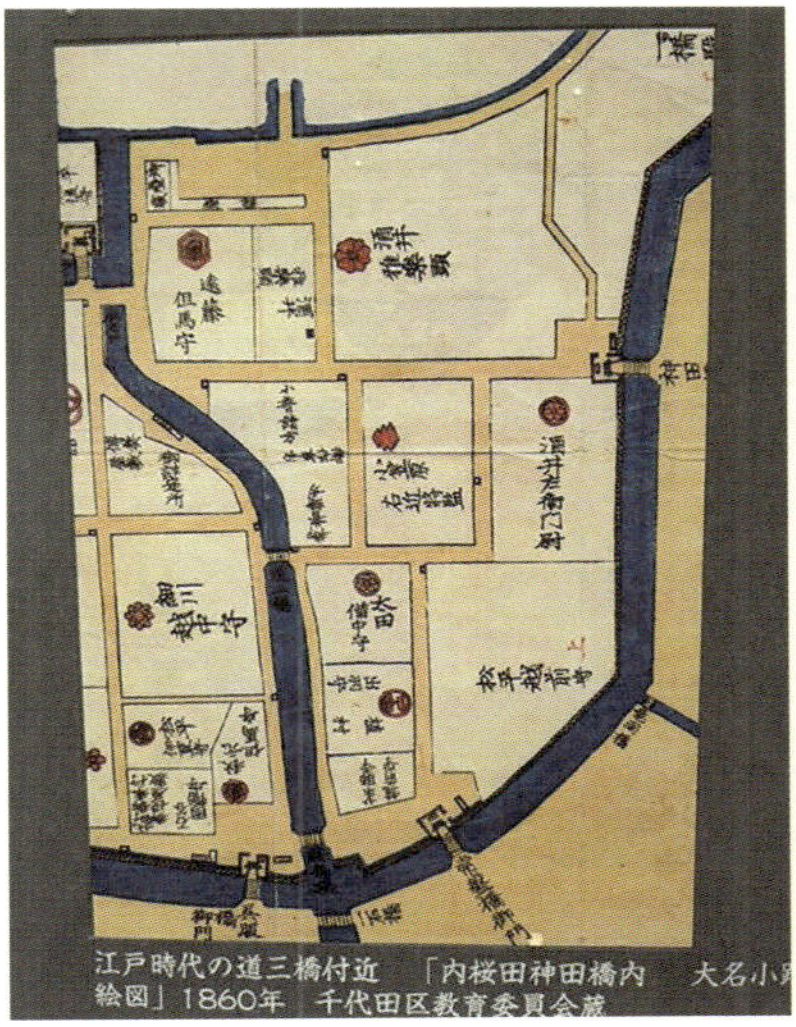

江戸時代の道三橋付近　「内桜田神田橋内　大名小
絵図」1860年　千代田区教育委員会蔵

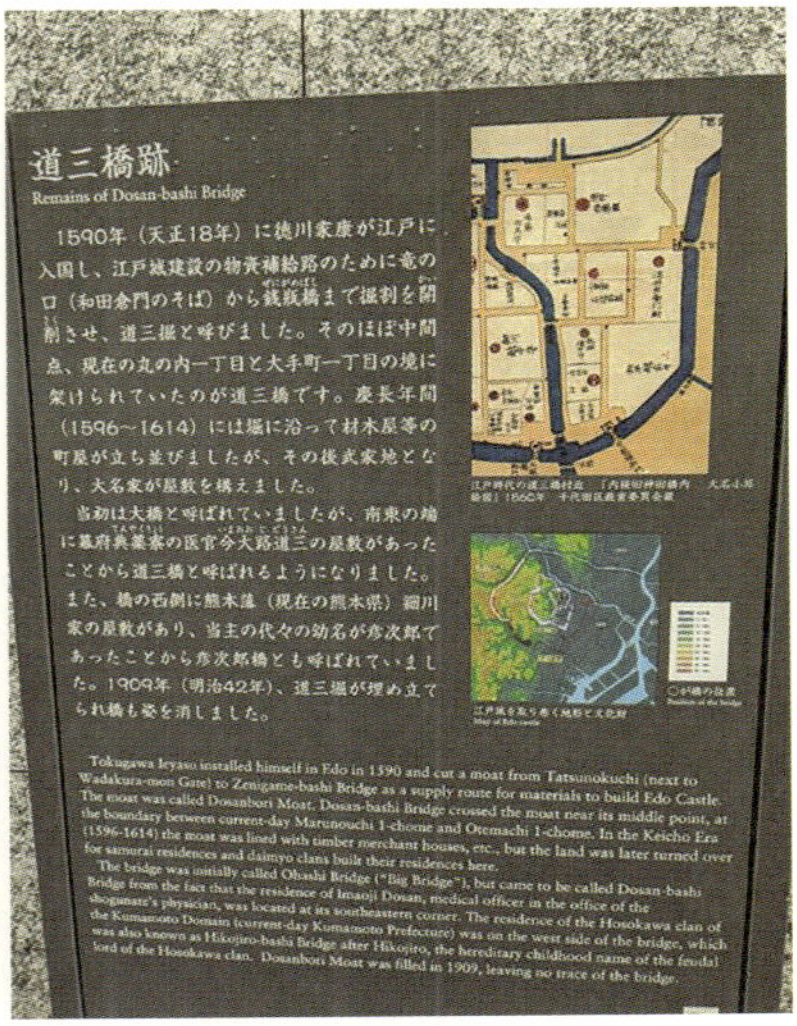

銭瓶橋　歌川広重「名所江戸百景　八つ
見のはし」　国立国会図書館提供

門方向に向かって歩きます。

将門塚があります。神田明神のご祭神になっている平将門の御首（みしるし）をお祭りしているところです。

平将門は関東でむかしから朝敵であるにもかかわらず人びとから信仰されてきました。家康は神田明神に会津征伐において上杉景勝との合戦に臨んだときや関ヶ原の合戦に臨んだとき戦勝祈願を命じました。家康は江戸の人が信仰している神様を受け入れ、江戸の人びとの心を掴むように努めていたように感じます。

神田明神の神輿や山車などの祭礼行列が江戸城内を練り歩いていたそうです。

津田仙（津田塾大学創始者で新五千円札の津田梅子の父親）が明治8年になって初めて東京市内に街路樹を植えたという案内板。ニセアカシア（ハリエンジュ）を植えましたが、今はこの街路樹は「エン

神田明神のご祭神の一つになっている平将門

読売新聞本社絆像

東京市内に街路樹案内板 ▶

◀ エンジュ

ジュ」。内堀通りを挟んで大手門の反対側にあります。大手門の櫓門の屋根が見えています。

大手門の高麗門と櫓門が道路の反対側に見えています。これから東京駅丸の内中央口に戻って解散しました。

ちょっとマニアックな江戸城めぐりでしたが参加者はそれなりに得るものがあったということでした。所要時間2時間40分。

小田原城惣構をゆく

小田原駅の観光案内所で地図をもらいました。

A小峯御鐘ノ台大堀切東堀を目指しました。タクシーに行き先「小峯御鐘ノ台大堀切」を告げると、「知らない」とのこと。早速、この地図を見せると、動き出しました。タクシーの運転手さんが現地の城を知らないことは城めぐりではよく体験することです。こんな時に役立つのが地元の観光案内所の地図です。少し、不安を感じましたが、無事付近に到着することができました。惣構（総構）とは何か、この地図には「小田原城の総構《そうがまえ》は、小田原北条氏が豊臣秀吉との合戦に備え天正18（1590）年までに、小田原城とその城下を囲って築いた総距離9㎞にも及ぶ大規模な堀と土塁による要塞の跡です」とあります。

＊要塞：外敵等から戦略上重要な地点を守るために築かれた構築物。

現地の説明板にはこのように書かれています。

「小峯御鐘ノ台大堀切は、東堀、中堀、西堀の３本からなる戦国時代に構築された空堀です。北条氏は、天正18年（１５９０）の豊臣秀吉の小田原攻めに対し、総構といわれる周囲約９㎞の堀や土塁を構築し、その中に城のみならず城下町まで取り込んだ戦国期最大級の城郭を築きました。この大堀切東堀は、総構以前に構築された三の丸外郭に相当し、本丸へと続く八幡山丘陵の尾根を分断しており、敵の攻撃を防御するために築かれた空堀です。総構

出典：小田原市役所「はじめての構想」マップより

とともに小田原城の西側を守る最も重要な場所であったと考えられます。東堀は、幅が約25～30m、深さは堀底から土塁の上面（天端）まで約12～15mあり、堀の法面は50～60度という急な勾配で、空堀としては全国的にも最大規模のものといえます。発掘調査によると、堀には堀障子や土橋状の掘り残し部分のほか、横矢折れと呼ばれるクランク部分などが設けられていることが確認されました。こうした堀の構造は北条氏が積極的に用いたもので、戦国時代の小田原城の特色をよく表しています。」

実際に東堀を見てみると堀の幅は感じられませんが、深さと法面の角度は感じられます。

クランク部分があります。

次はB三の丸外郭新堀土塁です。大堀切東堀を通って広い道路を渡ったところに三の丸外郭新堀土塁があります。幅の広い土塁です。

右側の山が総構、その中に天守があります。今まで何

堀障子だったことがうかがわれる空堀

クランク部分

三の丸外郭新堀土塁

幅の広い土塁

総構を歩いていると天守が見える

気なく小田原厚木道路から見えていた緑の山が総構の縁だったことがわかりました。

そして小田原城天守です。

我が家から最も近い天守のあるお城らしいお城が小田原城です。まず、近くのお城を見たいと言われたら小田原城に案内します。今回のように総構を見てから天守を見ると小田原城の奥深さが感じられると思います。

金山城をゆく

群馬県の日本100名城、金山城を訪ねました。

城めぐりを始めた頃、一度訪ねたことがあります。今回、関東の石垣の城としてのよさと関東平野の景色を堪能しました。太田道灌が「天下の名城」とここを訪ねて絶賛したといいます。「離合集散が激しい時代でありいつ何時、双方が敵対するとも限らない中道灌に敢えて手の内を見せ、『寄らば斬るぞ』という抑止力があったかもしれない」という、伊東潤『歴史作家の城めぐり』（224〜225頁）の一節を思い浮かべながら、昨日の友は今日の敵の時代、相手に手の内を明かしたということは、ここを攻めても無駄だという思いにさせたのではないか、と考えました。今私たちが見る石垣は、道灌が見た物とはちがうかもしれませんが、古い石垣が残っていました。それがこれです（53頁）。解説もありました（新田神社の裏にあります）。

金山城案内図

古い石垣（新田神社裏）

金山城石垣
金山城は、全域を石垣で築かれた関東地
方では珍らしい城である。
石垣用材は、金山石が手近にあるので使
用したものであるが、大きな石は、柱状節
垣の山麓の根石を山頂、山腹まで持ち上げ
た大工事である。積み方は、「野面積」で長
い石の大きい面を奥に、小さい面を表にし
てあるため、別名、「ゴボウ積」とも言われ
る。断面は、直線的で、緩傾斜し、栗石を
充分使用しているために堅固である。
文部省
群馬県
太田市

月の池

日の池　左右の四角は井戸

では、いよいよわたしが実際に目にした今の石垣に向かいます。その前に月の池と日の池（前頁上・下）を紹介します。

山の上にこのように水をたたえた大きな池が二つもあるのです。まして、この池は二つとも石垣で囲まれています。ローマの史跡のようだと感じた人もいるようです。日の池の左右に見える四角く、格子の蓋があるのは井戸です。飲料水は井戸で賄い、池は戦勝祈願、雨乞いなど神聖な儀式に用いたのではないかという説もあります。

いよいよ石垣が登場します。

石敷の道をいきます。大手虎口（次頁上）と、周囲の石垣です（次頁下）。

実城（本丸）に向かうための通路を厳重に守っていた大防御拠点。高く積まれた石垣は、敵を威圧し、城の威厳を示しています。

石敷の道

大手虎口

周囲の石垣

段築

自然の岩盤

続いて段築です（高石垣ではなく、少しずつ上に積み上げていきます。57頁上）。

これは積み上げた石垣ではなく自然の岩盤です。麓にあるこのような石を切り出して、石垣に使ったそうです。

本丸には新田神社があります。新田義貞をご祭神としています。

この城を造った岩松家純は新田一族です。そして、三の丸からの景色がなんと言っても素晴らしかったです。

金山城は石垣の立派な城でした。室町時代に東の関東でこのように立派な石の城が造られたことに驚かされます。

新田神社

五稜郭――見隠塁・刎ね出し

五稜郭タワーからの五稜郭です。

２００６（平成18）年４月１日に新しい五稜郭タワーが完成したそうです。五稜郭タワーに上ることによって城の全体像を目にすることができます。大山古墳にもこのようなタワーがあれば全体像を見ることができると思ってしまいます。五稜郭は五角形の星の形をした西洋式の城です。長野県佐久市には、同様な龍岡城がありま す。稜堡と呼ばれる星形の突角が、五角形状に突出しています。五稜郭タワーに地図の掲示がありました。わたしが今回五稜郭でぜひ見たかったのは、見隠塁と呼ばれる土塁です。日本城郭検定の勉強の過程で知ったのですが、虎口から城の中の様子が見えないようにする土塁を設けています。一文字土居とか蔀《しとみ》とか呼ばれ、五稜郭では見隠塁と呼ばれています。確か『ブラタモリ』でも取り上げられたことがあります。現存では一文字土居とい

タワーからの五稜郭

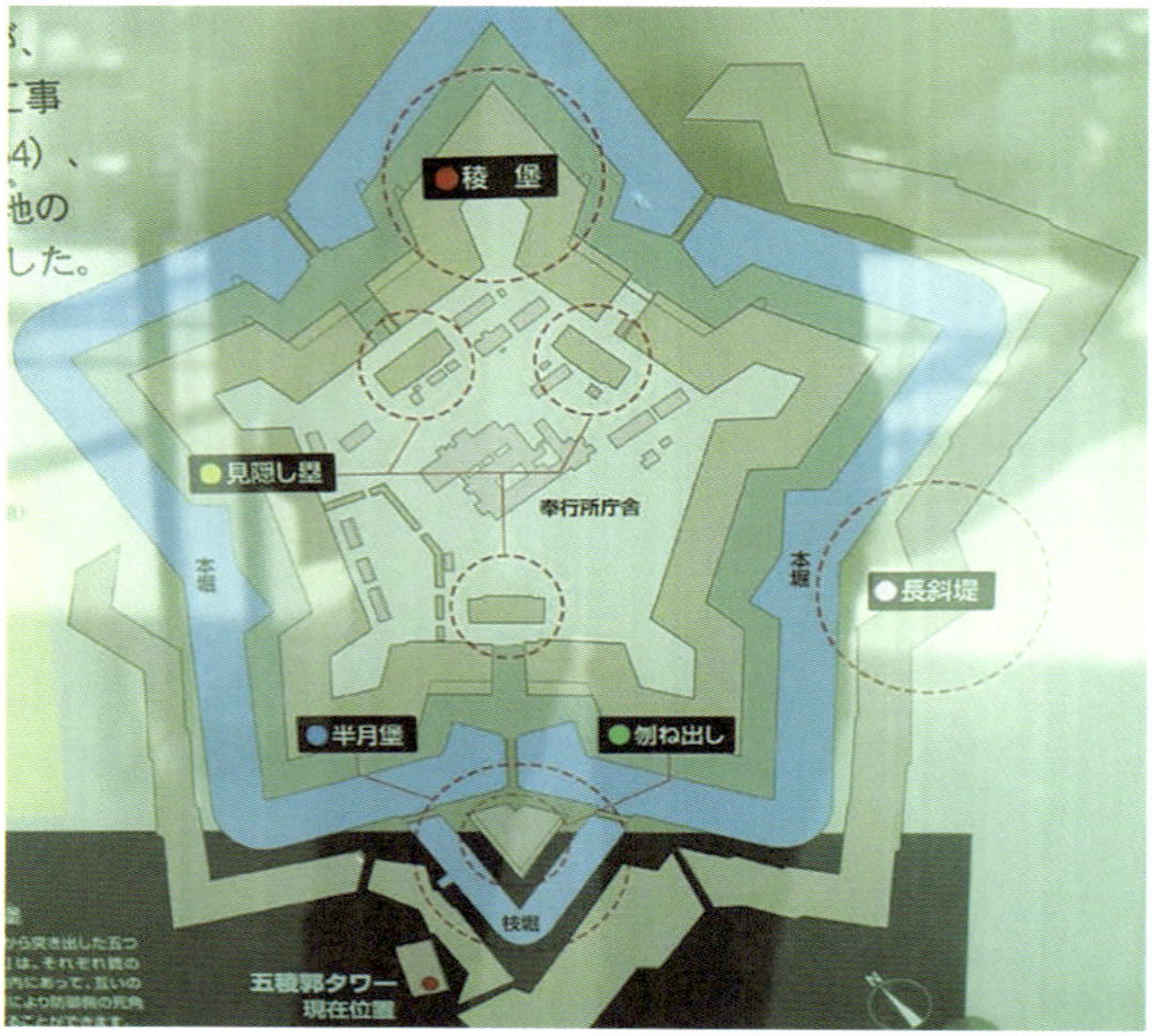

五稜郭タワー掲示の地図

見隠塁のある３カ所

われるものが高松城（桜御門内部）にあります。高松城には行ったことがありますが、その時、一文字土居のことを知らなかったのでわたしはまだ確認していません。五稜郭では当初の計画では5カ所設けられるはずだったのが3カ所になってしまったようです。前頁の地図にある半月堡も5カ所設けられるはずのものが1カ所になってしまいました。わたしは、市立博物館で、五稜郭の初めの計画図を見ましたが、見隠塁も半月堡も確かに五つありました。予算と期間の問題で今のようになったそうです。

見隠塁は写真の色で囲んだ1、2、3の部分です。この写真に写っている五稜郭をタワーから見ているときには1、2、3の存在について確信が持てているわけではありません。ワクワクドキドキしながら、タワーを降りて五稜郭に向かいました。

まず1です（次頁）。

確かにこれならここから中の様子が見えません。腰巻き土塁と言っていいのでしょうか。石垣が切込接で積んであります。江戸時代の後半に幕府の力で積んだことを感じさせます。

搦手門の橋を渡って真正面に見える土塁が見隠塁です。

3は探すのに苦労しました。2のように橋がないからです。橋の跡のようなものを見つけました（63頁上）。

そして、この橋の跡が写真で言うと右にありました。立派な土塁です。これが3です（63頁下）。

見隠塁１

見隠塁１が見える

橋の跡のようなもの

見隠塁３

刎ね出し石垣

１段目のように見える刎ね出し

立派な土塁です。タワーも写っています。実に満足です。

前回確認した刎ね出し石垣を載せておきます（64頁上）。

人吉城、品川台場にも見られる刎ね出しの石垣です。今回解説ではっきり確認できたことがあります。刎ね出しているのは上から2段目の石ということです。刎ね出している石が目立つので、1段目と思いがちです。このように下の方から見ると1段目のように見えます（64頁下）。

石垣の上に上ってみましょう。どうです。2段目なのです。手前に1段目があることがわかります。

今回は見隠塁と刎ね出しに絞って五稜郭を見てみました。

（2021年11月28日訪問）

2段目にある刎ね出し

もう一つの五稜郭　龍岡城

２０２１年５月に軽井沢から久しぶりにお城に行きました。函館の五稜郭は、星形のお城として有名です(前項参照)。

もう一つ星形のお城が、国内にあるのを知っていますか？　長野県佐久市にある龍岡城です。軽井沢から車で１時間程度です。

蘭学やフランス語を学び、特に火砲・築城技術を熱心に学んだ、大給《おぎゅう》松平氏最後の藩主松平乗謨《のりかた》によって慶応３年４月に、西面・南西面の石垣を除き完成しました。家臣にも積極的に洋学の勉強を奨励しました。明治になって大給恒《おぎゅうゆずる》と名乗り、佐賀県出身の佐野常民とともに博愛社を創設し、日本赤十字社の礎を築いています。

このお城には今まで、数回来ましたが、函館の五稜郭のように、高いところから見える五稜郭タワーがないので、地図や石垣・堀の様子から星形を想像するしかありませんでした。

しかし、今回、案内所で地図をもらい、車で細い道を裏山に上り、田口城に向かいました。山城の一部が展望台になっていて、龍岡城を見ることができました。それがこの写真です（68頁上)。

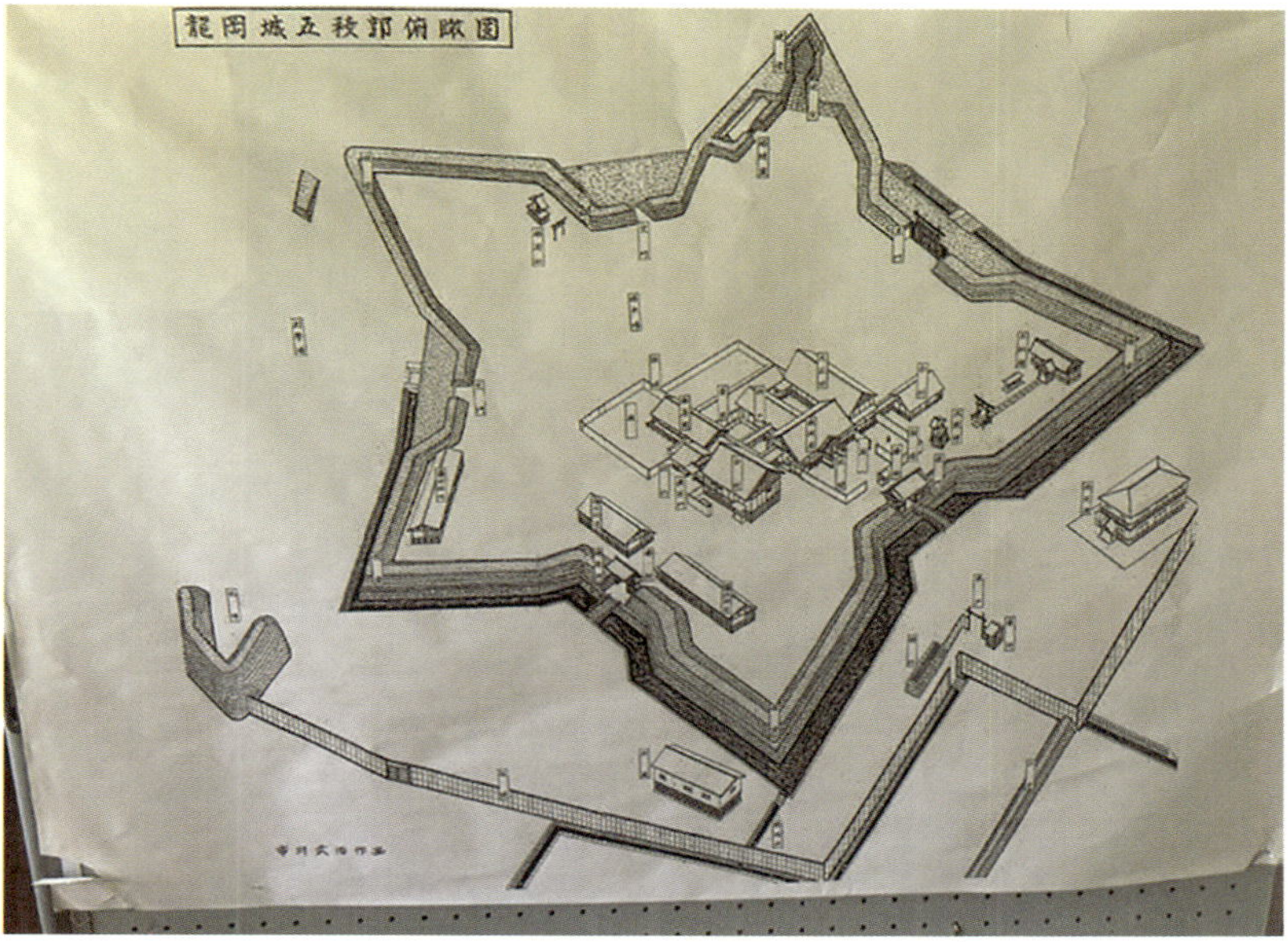

龍岡城五稜郭であいの館掲示地図

下からは五角形の一部しか見えない

展望台からの龍岡城

お台所（現存する唯一の建物）

八ヶ岳を背景とした、龍岡城を眺めることができました。お堀と石垣に囲まれた星形を確認することができます。右の方には、現存する唯一の建物お台所を見ることができます。今回、このお台所も公開されており、初めて中に入ることができました。

お城の敷地は佐久市立田口小学校として利用されています。文化財と共にここで学ぶ子どもたちは、幸せだと思います。展望台で、ここから初めてお城と母校を見たという卒業生の若い女性に会いました。学んでいるときは何も感じなかったが、外に出てみて今「素晴らしい学校で学び誇りに思う」と言っていました。この話を聞いて、この学校の中でどんな教育が実際に行われているか、わたしの本来の仕事は教育（小学校と大学の社会科教師）なので少し、調べてみました。実に素晴らしい教育が実際に行われていることが分かりました。その一部を紹介すると、

○４年生の五稜郭学習（観光ボランティア、観光案内、お堀の清掃、パンフレットづくり）を行う。
○コロナ禍においても５年生が日本赤十字社長野支部の協力を得て、キャンプや修学旅行の宿泊学習を実施する。

（社会科の初志をつらぬく会『考える子ども』第４０５号参照）

などです。龍岡城を築き、日本赤十字社の礎をつくった大給恒《おぎゅうゆずる》の精神が今に引き継がれているように感じました。

しかし、令和5年4月お城の中の学校は、他校と統合され、なくなってしまいました。お城の中の学校を継続させたいと思うのはわたしだけでしょうか。実際のお城に触れた後のレポートは書いていいて楽しいです。

学生時代から何度も訪れた城　小諸城

学生時代から何度も訪れたことのある城。それは長野県の小諸城です。懐古園の額（徳川家達著）がかかっている三之門です。城への入り口です。カメラの位置から目線が低くなっているのがわかると思います。二の丸へと通じる三之門は下り坂になっています。城下町より城が低いところにある穴城です。

学生時代から何回も訪ねたと言いましたが、城を訪ねる目的は時代とともに変わっていきます。

三之門

千曲川

島崎藤村『千曲川旅情の歌』歌碑

まず、初めの目的は千曲川です。

島崎藤村の『千曲川旅情の歌』です。「小諸なる古城のほとり雲白く遊子悲しむ」ここに歌われている情景に惹かれてやってきたのです。わたしの同学年で、この歌を歌曲風なテノールで歌うのが上手な信州出身の美術の先生がいました。今、わたしも真似して口ずさんでみることがありますが上手く歌えません。この旅情の歌の一節に「歌哀し佐久の草笛」が出てきます。

横山さんの草笛

わたしの学生の頃には横山さんご本人がこの場所で草笛を吹いていました。

次の目的は、城めぐりです。天守の石垣は見事です。歴史の舞台としては、表舞台に立つのは、徳川家康が第一次上田合戦で、徳川秀忠が第二次上田合戦で真田昌幸と戦った徳川方の陣地がここ小諸城二の丸にあったからでしょう。

天守台の石垣

二の丸跡

小諸城への目的その3は特色ある地形ですが、あまり得意ではありません。例によって、小諸城に行ってからしばらくして、萩原さちこさんの本を読んでいたら小諸城について、次のように書いてありました。

「**扇状地**につくられた城といえば、**小諸《こもろ》城**（長野県小諸市）だ。最寄りの小諸インターを降りて車を小諸市街地に向かって走らせると、ジェットコースターに乗っているかのようにぐんぐん降下していく。小諸は、谷底の街という感じだ。」（萩原さちこ『地形と立地からみる戦国の城』69〜70頁〈マイナビ出版、2018〉）

隣町の軽井沢にいると、小諸へは、国道18号やバイパス浅間サンラインを利用していくのですが、千曲川に向かって車が進んでいるときに「ジェットコースター」状態を感じます。言い得て妙な表現だと思います。みなさんにも実感してほしいくらいです。この小諸城、谷底の奥がまだあって、千曲川の断崖になっています。それが、穴城といわれているのだと思います。

さて、萩原さんの説明は続きます。

「**田切り地形**と呼ばれるこの地域特有の地形で、**約1万1000〜1万4000年前に浅間山から噴出した小諸火砕流の堆積地が、千曲川の浸食によって河岸段丘化した場所**に築かれている。……（中略）……とりわけ北谷の通称・地獄谷（酔月橋）の景観は圧巻で、浅間《あさま》軽石流《かるいしりゅう》で形成された断崖が目の当たりにできる。」（同書、70〜71頁）

酔月橋

断崖

お城の敷地を通る鉄道と三之門、二階櫓の部分

大手門

酔月橋の上から浅間軽石流の断崖が見えます。
その４は鉄道とお城の位置。線路越しに見る三之門、二階櫓の部分です。
わたしのカメラを構えている後ろに大手門があります。

大手門はお城の表玄関です。表玄関を入ればお城の敷地です。これは、どんなことを意味しているのでしょうか。大手門、わたしのいる所、線路、三之門、二の丸、本丸天守台という位置関係になります。そうです。お城の敷地の中を鉄道が通っているのです。

明治21（１８８８）年に小諸駅が開業していますから、それ以前に線路が敷かれました。同様にお城の敷地を跨いで線路が至る所にあります。わたしが行って確認したのは、長岡城、甲府城、三原城、福山城、水戸城、山形城です。その中でも典型的なのが長岡城です。長岡城の本丸を駅にしてしまったのです。さて、小諸藩ですが、長岡藩と関係が深くどちらも戊辰戦争では、幕府側でした。しかし、大手門で案内しているボランティアの方の話では、城外に鉄道を通す話が当初あったのですが、近くで養蚕業を営んでいた方の反対で城地を通すことになったとのことです。列車から出る煙が蚕に悪い影響を与えることを心配していたそうです。鉄道の敷地の位置とお城の関係、わたしにとって、教材・城郭ウオッチングのテーマの一つになっています。

出石そば　花水木

その5は城より蕎麦（付け足しですが、本音かも）。

小諸藩、そして、上田藩を治めた仙石氏。その仙石氏が今の兵庫県の日本海側出石《いずし》に転封になりました。そのときに、信州蕎麦の職人を一緒に連れて行き、蕎麦を出石の名物にしました。大名にとって自分の領地の産業を発達させることは、大事なことなのですね。

小諸の蕎麦店に、有名な草笛があります。軽井沢に行くと佐久平店を利用していますが、この日は三之門の近くの小諸本店に行ってみました。草笛小諸本店の小諸蕎麦（佐久平店にはない）。

出石でも、もちろん、「城より蕎麦」をしてきました。出石「花水木」の皿そば。出し方は出石には特色がありますが、味が似ているような気がしたのは、わたしのまったくの私見です。

戊辰戦争の舞台　松前城

松前城には2回行ったことがあります。1回は函館空港からレンタカーで、もう1回は木古内から路線バスで。今回は、函館からレンタカーを運転して行きました。今回も木古内からの路線バスを考えたのですが、ロスタイムが多いのと戊辰戦争の舞台を思い描きたいということで急遽レンタカーにしました。

戊辰戦争の舞台となったコースを通って運転したくなりました。それぞれの場所でいちいち下車したわけではありませんが、箱館、七重浜、有川、富川、矢不来、茂辺地、当別、泉沢、木古内、知内、福島、松前と戦地と言われるところやその近くを通っていきました。木古内、知内、福島ではタイムを取りました。余談になりますが、前回、戊辰戦争を意識しなかったときは、新幹線停車駅（当時まだ駅の工事中）としての木古内、北島三郎の出身地として観光地となっている知内、横綱千代の山、千代の富士の出身地、新幹線の北海道の入り口としての福島を意識して下車していました。しかし、この全てが戊辰戦争の有名な戦場だったのです。歴史的な知識が加わると旅では、運転しながら考えることも違ってきます。そして、松前城に着きました。駐車場からの天守です。

松前城天守

松前城は嘉永2（1849）年築城の許可がおりて、やっと築城された北海道唯一の日本式のお城です。松前城本丸御門、本丸表御殿玄関が現存している建物です。

それ以前は慶長5（1600）年から築かれた福山館という陣屋がありましたが、外国船の出没に備えて、

本丸御門（現存）と天守（復元）

本丸表御殿玄関（現存）

守りを固めるために本格的なお城が必要になったのです。7基の砲台と25門の大砲を備えていましたが、海への防備が主体になっていたため、背後が手薄でした。砲台跡です。戊辰戦争の際土方歳三らの旧幕府軍に背後から攻められて落城しました。下の写真は天守の石垣に残る戊辰戦争時の砲弾の跡です。

しかし、天守は残ったのです。太平洋戦争で多くの天守が焼失する中で、松前城の天守は健在でした。ところが、昭和24（1949）年、近くの役場から出火した火が燃え移り焼失してしまいました。今、12の現存天守がありますが、松前城の天守があれば、13現存天守ということになったはずです。

この天守（次頁下）は昭和36年に2200万円の町民等の寄付、500万円の道費助成、100万円の函館市期成会に町費を加え、総工費7632万円で鉄筋コンクリートで復元したものです。この天守を見ると、前天守

砲弾の跡

五番台場跡

天守（復元）

のことを思い残念でたまりません。前天守は、戦火を乗り越えてきたからです。

前天守は昭和16年にも国宝に指定されていました。戦後のこの時期に町民らから2200万円という寄付が集まったということは松前城に寄せる町民の思いの深さを感じます。

「明治8年、北海道開拓使の命令により福山城（松前城）は、取り壊されたが、天守と本丸御門、表御殿は残った。表御殿は松城小学校として、充用され、明治33年新校舎が完成した後もこの玄関だけは小学校正面玄関として、昭和57年まで利用されてきた。」（掲示板の説明より）

今回の松前城訪問で分かったことです。土方歳三たちは、初め海側から松前城を攻撃しました。だから、天守台に砲弾の跡が残っているのです。しかし、海側に向けた7基の砲台をはじめ厳しい守りのため攻撃は難航しました。

しかし、土方は陸側の守りが弱いことを見つけ、陸側から攻め攻略に成功しました。これらの攻撃の中で天守、本丸御門、表御殿はよく残ったものです。今回は戊辰戦争を頭に描きながらの松前城への旅でした。だから、国宝に値したのでしょう（2021年11月26日訪問）。

子どもたちと何回も行ったことのある松本城

江戸時代またはそれ以前に造られて、今存在している現存天守は12あります。弘前城、松本城、犬山城、丸岡城、彦根城、姫路城、備中松山城、松江城、丸亀城、高知城、宇和島城、松山城です。この中でどれが一番好きかと問われたら、松本城と答えます。それは、以下のようなことのためかもしれません。

小学校の教員をしていたとき、夏休みの林間学校で、6年生の子どもたちと中房温泉（https://nakabusa.com/）に宿泊し、燕岳《つばくろ》（https://ja.wikipedia.org/wiki/燕岳）に登山をしていました。松本駅から中房温泉までの行程で、必ず松本城を見学していました。担任として、引率教員として、実地踏査要員として、合計10回以上行ったことがあります。こんな多くの回数行った城は、地元の江戸城を除いてないと思います。

これは、わたしが写した一番好きな松本城の写真です。

なぜかというと、国宝の建物が全て写っているからです。左から、月見櫓、辰巳附櫓、天守、渡櫓（少し見えにくい）、乾小天守となります。社会科教師であっても、特に、お城に特別な関心がなかったわたしは、子どもたちに、今、国宝のお城が五つ（当時は四つ）あり、江戸時代から今まで現存するお城は12しかないことなど、城に関する基本的な知識さえ話すことができませんでした。

わたしが城に関心をもち、城の知識をもつようになったのは、平成27（２０１５）年10月30日、故杉渕さんと福山城に行って以来なのですから（２６８頁参照）。今ならどんな話ができるか、松本城を見るたびに考えます。

東京オリンピックの長野県聖火リレー最終ランナーの小平奈緒さんと松本城を２０２１年4月2日軽井沢にいてiPadの画面を通して見ていました。軽井沢から車で2時間近くかかる松本の映像をリアルタイムで見ることができる。いや、日本中の人が小平奈緒さんと松本城の映像をリアルタイムで目にすることができる。待てよ、これはインターネットだ。世界中の人が同時に見ることができるのだ。日本の美しい光景を同時に見ることができる。こんな教材ウオッチングをしました。国際化、情報化の教材として使えそうです。さて、松本城そのものについてはどうでしょうか。

わたしが松本城に子どもたちを、連れて行った頃と違って、強い味方があるのです。それが、これです。副読本です。

もくじ

はじめに	1
総合ガイド	3
1 天守へ登ってみましょう	13
松本城建築のちえと工夫	24
2 松本城の特ちょうをまとめてみましょう	32
3 松本の城下町はどのようにつくられたのでしょう	38
城下町を歩いてみましょう	46
4 松本城天守がつくられる前の歴史を調べましょう	58
5 石川氏はどのようにして松本城天守をつくったのでしょう	64
6 歴代の藩主たちはどんな政治をしたのでしょう	68
7 松本城はどんな人たちによって守られてきたのでしょう	80
8 戦後の本格的な復元修理はどのように行われたのでしょう	84
9 市民は松本城をどう活かし守っているのでしょう	92
松本城関係年表	96
監修を終えて	98

利用の手引き ………… 99
参考資料・協力・委員 ………… 100
英文ガイド

松本市教育委員会が、平成29年に松本市内小学生の社会科、総合的な学習の時間の学習のために発行しました。わたしは、松本城内の売店にて１００円で購入しました。実際に、松本市内の学校で、これを活用してどのような授業が展開されているのか、まだ調べていません。目次の内容を目にすれば、教材ウオッチングの心がうずきます。

お城の案内にとどまらず、地域の歴史、歴代城主の業績エピソード、松本市民と松本城との関わりについても触れています。明治になって、門、屏、櫓、堀などが次々に取り壊され、天守が売りに出され取り壊されそうになりました。そのときのことを、副読本では次のように紹介しています。「明治５（１８７２）年下横田町の副戸長（副町長にあたる）をつとめていた市川量造は、なんとしても由緒ある天守を残したいと考えました。新聞で人々に残すことの大切さを知らせ、人々に新しい産業をおこす知識を広めようと、天守を会場にして博覧会を開くことを計画しました。市川量造らの努力が実って、明治９（１８７６）年までに博覧会は5回開かれました。市川量造は自分でお金を出し、また、人々から寄付を募って松本城天守を買い戻し、取り壊しの危機から救いました。」

松本市のこの副読本作成の取り組みはすばらしいと思います。東京都でお城を教材にするのは、どのような方法があるのか、東京らしい方法で。故杉渕さんと話題にすることはありましたが、まだ、具体化に至ってはいません。最近、社会科見学のコースの中に江戸城本丸、天守台を入れている学校があることを聞いたことがあります。

杉並区の学校がバスで青梅街道を通って江戸城に行くなら、「今バスが走っているこの青梅街道は、徳川家康が江戸城を作るために必要な石灰を青梅の成木から運ぶために作った」という話を車中で校長が話して聞かせることはどうかな？　なんてこれを書きながら考えています。

江戸城の天守台は明暦の大火後、加賀藩が作りました。しかし、天守は保科正之の市民生活の復興が第一の考えで再建されませんでした。松本城の話からいろいろ広がってしまいました。

わたしが松本城を訪ねたのはすべて夏です。これから四季の松本城を訪ねたいと思っています。

伊達政宗公像にまつわる話　仙台城

わたしが愛読する内田康夫の推理小説の中で特に好きな作品の中に『杜の都殺人事件』があります。いわゆる浅見光彦シリーズではありません。主人公は美人カメラ

江戸城天守台

マンの池野真理。仙台城、伊達政宗公の騎馬像前で、観光客相手に、注文写真を撮って売っています。

わたしが、政宗公像の前を訪れた時、店を広げ写真を扱っている女性がいました。写真を注文し、「小説のモデルはあなたですか」と尋ねたら、しばらく、無言で、写真の注文は受け付けず、わたしのカメラで写真を撮ってくれたのです。もちろん、無料です。それがこの写真です。

仙台城の本丸跡に建つ、伊達政宗公騎馬像（銅像）は観光スポットです。

この騎馬像が初代ではないことをご存じでしょうか。実は銅像としては2代目なのです（石像の政宗像を入れると3代目、大崎市岩出山城跡）。昭和39年に設置されました。初代はこちらです（次頁下）。

今、仙台市立博物館の館庭にあります。胸から上の胸像だけになっています。もちろん、初めから胸像だったわけではありません。どうして、胸像だけになってしまったのでしょうか？　実は、この話をわたし

２代目伊達政宗像

初代伊達政宗像

が初めて知ったのは、玉川大学通信教育のスクーリングで、学生の模擬授業を通してでした。仙台からやってきた学生がいました。この時も、学生さんから、教材ウオッチングをさせてもらいました。わたしは、受講者全員に授業者を体験させるために、授業冒頭、導入３分の模擬授業をしていました。

この授業では、まず、２代目の写真を提示します。

次に、初代の写真を提示です。そして、「なぜ、政宗公の銅像が胸像だけになってしまったのか」という問いを引き出します。これが、太平洋戦争の授業の導入、問題設定の場面なのです。冒頭３分の授業は、ここまでですが、この模擬授業がきっかけとなり、現地で写真を撮ったり、資料を調べてみたりしました。わたしの教材ウオッチングです。

初代の銅像が仙台城に設置されたのは、昭和10（１９３５）年のことです（高さ３・４ｍ、重さ４・５ｔ）。太平洋戦争の激化にともない、日本は金属不足に陥り、金属類回収令により、騎馬像は、昭和19（１９４４）年に撤去され仙台城跡から姿を消したのです。台座にある四枚のレリーフ（後述）まで、騎馬像とともに出陣となったそうです。昭和20（１９４５）年郷土史家が塩釜市の東北ドック鉄工敷地内の金属集積所から騎馬像を発見し、紆余曲折を経て、昭和36年に「仙台市立博物館」の開館に合わせて博物館の庭に置かれることになりました。伊達政宗公の胸像が戦争を通して生き残ったことは、それだけで感動に値します。

城の勉強を進める過程で、四枚のレリーフに出会いました。今までよく見ることはありませんでしたが、じっくり、写真を撮りながら、調べてみました。

人生の節目が綴られているように思われます。

高崎城と前橋（厩橋《まやばし》）城

２０２３年の朝ドラ『らんまん』では植物学者牧野富太郎をモデルとした槙野万太郎の生涯が取り上げられました。玉川大学の研究室でご一緒したＨ先生が植物観察する様子を思い浮かべると、植物音痴のわたしにも、万太郎の植物観察の様子が実感を伴って伝わってくるように思われるから不思議です。

さて、ここからがお城の話です。日本城郭検定で「土居（土塁）上の樹木を１本ずつ調査し、そ

元服（11歳）

朝鮮出兵（26歳）

支倉常長遣欧（47歳）

権中納言（60歳）

の高さと樹種を描いた絵図が残る城はどれか。」という出題がありました。答えは高崎城です。この日本城郭検定の問題を通して、この絵図のことを知りました。「城びと」（日本城郭協会公認のＨＰ）で調べてみました（【理文先生のお城がっこう】城歩き編第34回城内の樹木の役割１〈http://shirobito.jp/〉）。

加藤理文さんが次のようなことを書いていました。「高崎城（群馬県高崎市）では、文化14（１８１７）年に作成された『御《お》城《しろ》御《お》土《ど》居《い》通《どおり》御《お》植物《うえもの》木尺《しゃく》附《つき》絵《え》図《ず》』が現存し、この絵図を見ると、全ての曲輪の縁辺部に樹木が植えられていたことが判明します。しかも、全ての樹木の木の種類を特定し記録に残しているため、厳重な管理下に置かれていたことがわかるのです。樹木は、その大きさも表現されており、大木がほとんど存在しないことも解り、さらに曲輪内には小木一本すら植えられていなかった様子も見て取れます。このように城内の樹木は徹底的に管理されていたのです。当然、樹木だけを管理する仕事があり、それを任せられた家臣が存在したのです。土造りの城であったため、当初は内部を隠す目的で植えられたと考えられます。巨木になれば管理も大変になるので、そうならないよう万全の管

高崎城土塁

高崎城土塁

高崎城乾櫓

高崎城東門

理体制が敷かれたと推定されます。」朝ドラの槙野万太郎、玉川大学のH先生、日本城郭検定の絵図が折り混ざりわたしを高崎城に導いたのです。高崎駅からタクシーで高崎城水堀の辰巳橋へ。

看板に従い現存の乾櫓まで、「御城御土居通御植物木尺附絵図」や植物の管理をしていた高崎城の家臣に思いをはせながら、今の高崎城の土塁を歩いてみました。

ただの土塁とそこに植えてある樹木が趣のあるものに見えてきます。軽井沢の家に多くの樹木があるのですが、管理に意外と手間と費用がかかります。木々の1本1本にまで目を光らせて律儀に天職として木々の管理をしたであろう家臣の心を思い描きながらこの土塁を歩くのです。そして、乾櫓に到着です。隣には東門がありました。

帰りは、同じ土塁の上を通り、辰巳橋の先までお濠の様子を観察しました。

高崎城のお堀

タクシーに乗るほどの距離でないことを確かめながら高崎駅へ向かいました。

次は前橋城、かつては厩橋《まやばし》城と呼ばれました。群馬県の県庁所在地前橋市にあります。戦国時代、この城をめぐって多くの戦国武将が行き交いました。上杉謙信、北《きた》条《じょう》高広、滝川一益、浅野長政、徳川家康など武将の名が浮かんできます。関東7名城の一つに数えられています。遺構として土塁（群馬県庁北側、前橋公園内等）、石垣「前橋城車橋門跡」（大手町2丁目）があげられています。ここでもタクシーを使いました。しかし、運転手さんが連れて行ってくれたのは県庁北側の土塁です。車橋門跡のことを言っても全く不案内。ほとんど、ちんぷんかんぷんです。これは、独自に探すしかないと諦めました。

では、まず、運転手さんが連れて行ってくれた土塁です。

前橋城の土塁

前橋城の土塁

前橋城の土塁

見事な土塁が続きます。この日は土塁の草刈りをやっていたので土手の様子がよく見えました。土塁はよくわかりましたが、問題は大手町2丁目の車橋門跡の石垣の遺構です。大手町2丁目前橋市役所近くの交差点で「車橋門跡」を昼食に出掛ける市役所の職員と思われる人何人かに聞いてみました。これが、誰も知らないのです。文化財なんてものはこんなものなのでしょうか。タクシーの運転手が知らないのは無理もないことかもしれません。

しかし、あったのです。市の施設です。どこだと思いますか。観光案内所ではありません。**前橋市立図書館**です。まず、受付でおそらく司書と思われる方が対応。2階の調査課へ行ってくださいと言われ、2階の調査課では交番にあるような地域の大きな地図をもってきて位置を示してくれました。「日本経済新聞と美容院の細い道の奥にあります」そして、窓際に案内し外を見ながら「あのビルの向こうです」「この図書館をでたら背中を左にしてあの道路へでてください」案内は完璧でした。日本経済新聞と美容院の間に石垣があったのです。この石垣が現れました（次頁）。

探していた遺跡に巡り会えた喜びは何物にも代えがたいものがあります。地域の図書館の情報センターとしての機能を見直すことができます。城めぐりにはもっと地域の図書館を活用すべきだと思います。大田区立洗足池図書館には勝海舟コーナーがあります。

現れた前橋城車橋門跡、石垣

初めて訪ねる土方終焉の地と四稜郭

函館は今まで何回も行きましたが、今回は初めて訪れた所について述べてみます。土方歳三最期の地、四稜郭、函館市立博物館です。まず、土方歳三の最期の地です。函館駅近くの函館市総合福祉センター内にあります。

函館駅から徒歩15分のところです。ここで銃撃戦が展開され土方が倒れたとは、今の町の様子からは信じられません。函館市街地が戦場だったことを改めて認識しました。学生時代青函連絡船で初めて着いた函館駅。ここから石川啄木の銅像がある大森浜まで徒歩で往復したのが函館での第一歩でした。それから何回も函館を訪れましたが、本当にここに来たのは初めてです。ここから四稜郭へタクシーで向かいますが、運転手さんに何回も「五稜郭ではないんですよね」と確認されました。城の勉強をするまでその存在を知らなかった四稜郭です。

四稜郭の解説です。五稜郭を守るために建設されました。東照宮を守るためとも言われています。

蝶が羽を広げた形の土塁になっている四稜郭。四隅に砲台がありました。

虎口です（104頁下）。

土方歳三最期の地

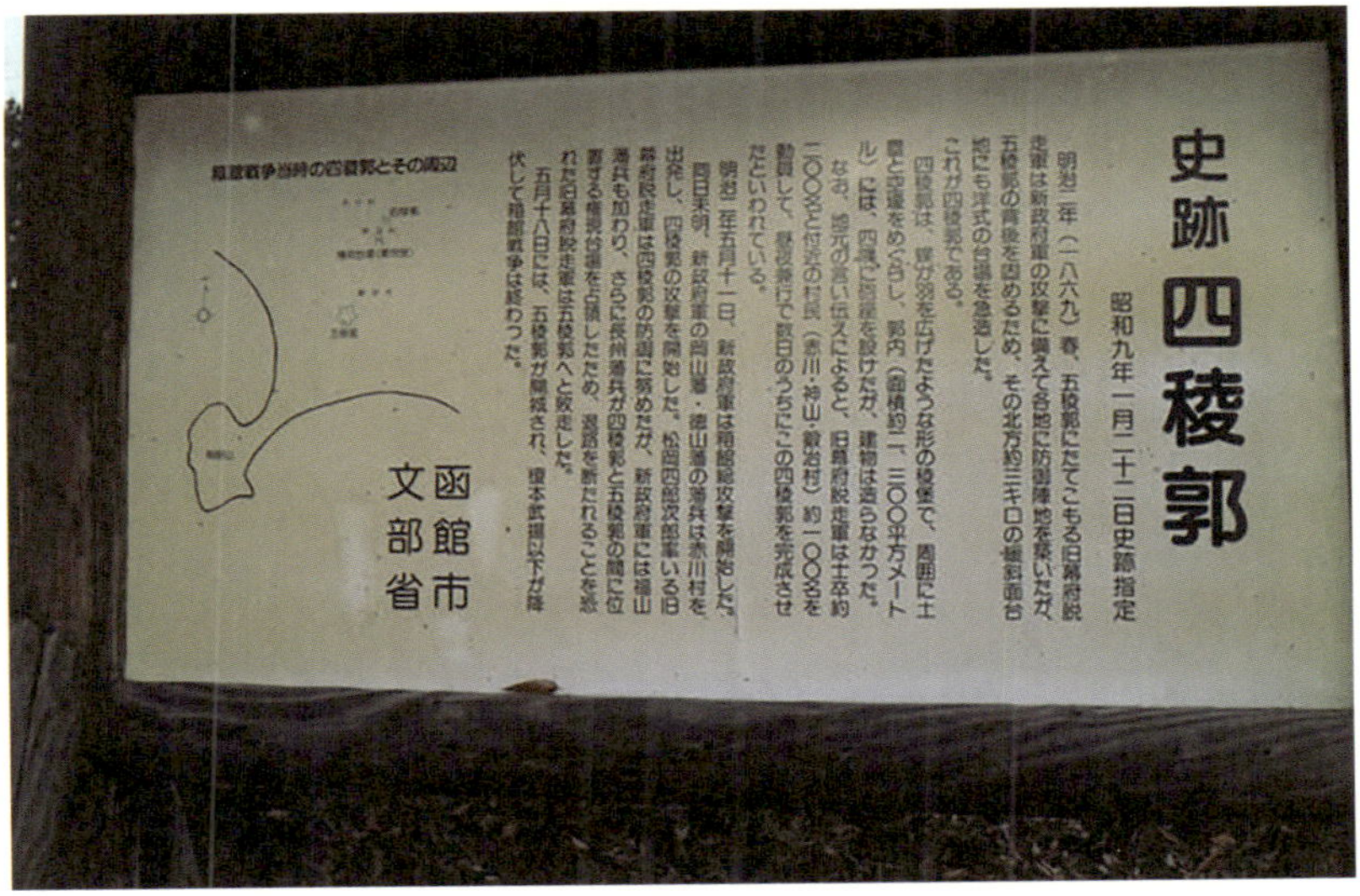

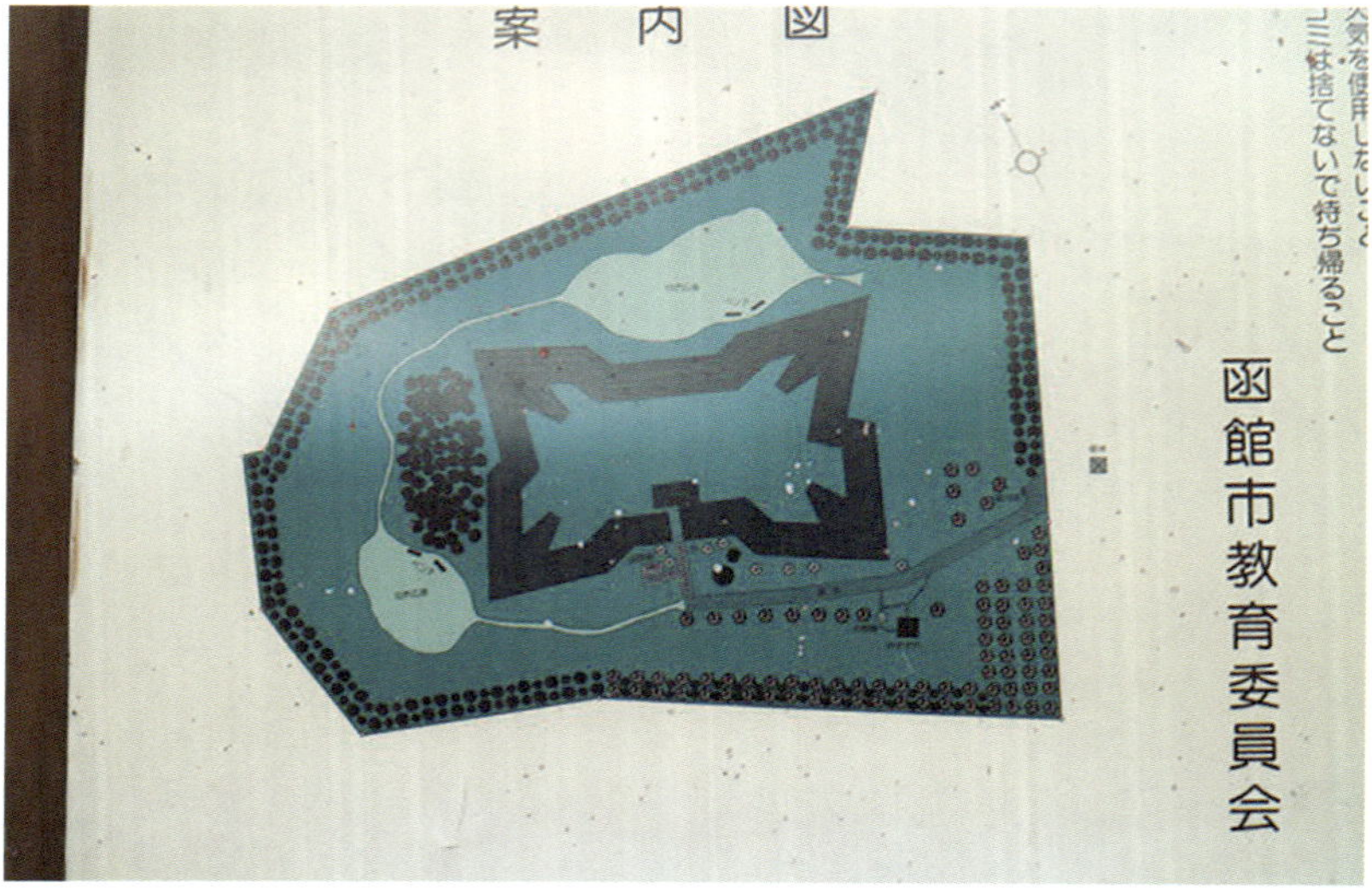

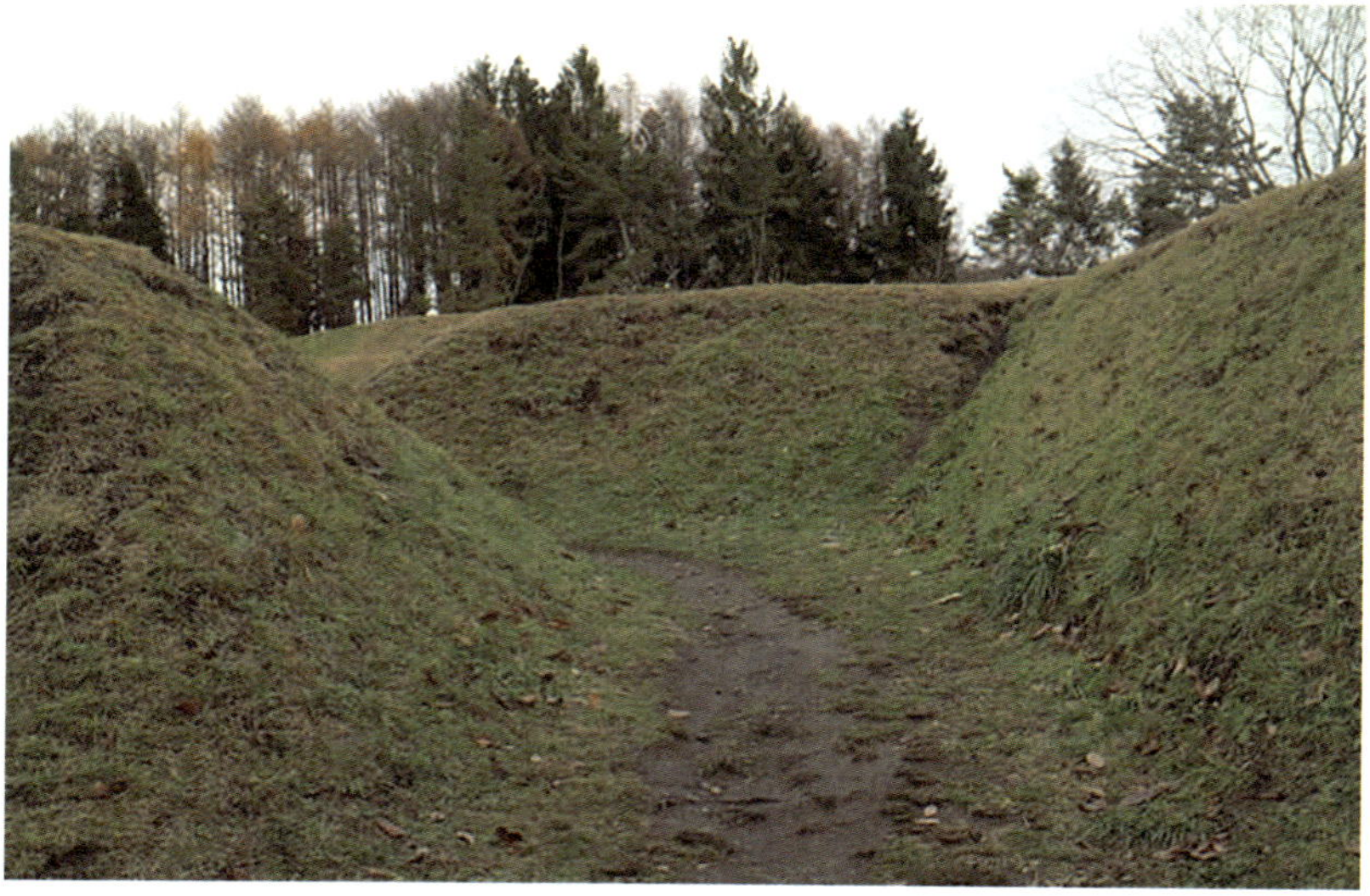

虎口

虎口から土塁に上り眺めてみました。右奥が砲台があった場所かもしれません。

土塁に囲まれた中は広々としています。建物はありませんでした。

正面奥が蝶の羽でしょうか。３００名で数日がかりでこれを造ったと言います。

最後は市立函館博物館です。ここで見たかったものは、志苔館跡近くの道路から発見された古銭です。越前焼の壺に入っていたといいます。

『ブラタモリ』でもやっていましたが、越前焼の壺に入っていた古銭の発見は、北前船の日本海航路を通じて交流があったことを示しているそうです。他にもこの博物館には函館の歴史に関する資料があります。時間をかけて資料に浸るのも一興かと思います。

（２０２１年11月25日訪問）

土塁から眺める

四稜郭全景

市立函館博物館に展示された古銭

伊東潤との出会い（大島圭介と中島三郎助）

お城訪問の話ではありませんが、作家伊東潤との出会いについて書きます。２０２２年6月20日㈪伊東潤『維新と戦った男　大島圭介』（新潮文庫）を早朝の布団の中で読んでいました。

３０１頁から３０２頁に差しかかったところで背筋がゾクゾクっとしました。わたしの歳になるとこんなことは、めったにありません。松前城で榎本武揚が大島圭介にある男を紹介する場面です。

> フロックコートの上に長マンテルを羽織ったその男は、高い頬骨を誇るかのように海を見つめていた。
> それは獲物を探す鷹《たか》のようであり、また諦念の境地に達した高僧のようでもある。
> 「大島さんは、中島さんとは初めてでしたか」
> 「ああ、初めてだ」
> 「それは失礼しました」
> 榎本が男を紹介すると、男は愛想笑い一つ浮かべず、ぶっきらぼうに名乗った。
> 「元浦賀奉行所与力、中島三郎助。以後、お見知りおきを」

実は、わたしは20年以上前に中島三郎助を教材化し、卒業を前にした杉並第十小学校と三谷《さんや》小学校の６年生に卒業記念授業をしています。拙著『小学校社会科「新教材」授業設計プラン』の80～84頁に掲載してあります。

浦賀奉行所にあって、黒船に一番最初に対応した日本人、与力の中島三郎助とオランダ語通訳の堀達之助という２人の人物を取り上げました。堀が話せる唯一の英語「わたしは蘭語が話せる」I CAN SPEAK DUTCHから日米交渉の第一歩が踏み出されたという内容です。伊東潤が２０１５年２月に『死んでたまるか（原題）』として刊行する６年以上前のことです。以前にも書きましたが、２０１６年から本格的に城について学びだし伊東潤の『城を攻める　城を守る』『歴史作家の城歩き』を城についてのテキストとして読みます。それから、歴史小説も読むようになりました。そして、今、伊東潤のファンが参加する読書会にも参加しています。京都で応仁の乱があった頃に、関東で起きた長尾景春の乱を取り上げた『叛鬼』（講談社文庫）に２０２０年に出会います。

私が校長をしていた杉並区立三谷小学校が太田道灌が石神井城（長尾方の豊島氏）を攻める陣地の周辺にあったという事実を知り驚きます。校長を退任して10年以上経ってからのことです。もし、この事実を在

球儀は，まさに「マイ地球儀」である。一人が一台の地球儀を持って授業に参加すれば，その分だけ，地球に関する理解も深まることだろう。どこで地球儀作りをするのか，そのための時間の確保が課題になるかもしれないが，各学校の創意と工夫によって生み出すことを期待したい。

3　授業プラン「I can speak Dutch!～浦賀奉行所の交渉～」

「歴史裏話（黒船来航）・発展学習（1時間）」として，地球儀の活用を除いて，校長の授業として実践してきた。対象は5・6年生となる。以下，学習の流れを文章として示す。

（1）　学習のねらい

・「黒船来航」という国家的な危機に遭遇した江戸幕府の最前線であった浦賀奉行所の与力中島三郎助とオランダ語通訳堀達之助の活躍を通して，42人の歴史人物以外にも活躍した人がおり，今日の繁栄の礎になっていることを知る。

（2）　学習の流れ

黒船来航の状況について以下の文を朗読することによって知らせた。

> 黒船あらわる。夕べの，どしゃぶりの雨がやみ，むっとする暑さであった。午後の詰所に一瞬まどろむような静けさが広がる。群青の海がぎらりと光った。と，水平線の彼方に四つの黒い影。まがいようもなく，まっしぐらに近づいてくる。見張りの侍が息をのんだ。指令が飛ぶ。伝令が走る。だが，巨大な侵入者は，みるみるうちに視界から遠ざかっていった。
> 黒船あらわる――。
> 江戸湾の入り口にある浦賀奉行所に伝令の第一報が入ったのは，黒船艦隊がすでに浦賀沖に碇を下ろした後だった。
> 「およそ3千石積みの舟四隻，帆柱を3本立てるも帆を使わず，前後左右，自在にあいなり。
> ……あたかも飛ぶ鳥のごとく，たちまち見失い候
> （古文（原文）の引用に現代語訳を加えた）
> 嘉永6年6月3日。すなわち，1853年7月8日のことである。
> （加藤祐三『黒船異変―ペリーの挑戦―』岩波書店，1988年，pp. 1－2）

ここまで読んで，パワーポイントで伝令文の要点を示しながら内容を確認していく。

「3000石」とは1000石舟，３隻分とみなしたこと。

事実は，その20倍近くだった。

「帆柱立てるも帆を使わず」

帆があるが，帆を使わないで走っている。違う動力が推測できる。蒸気機関。

「前後左右，自在にあいなり。あたかも飛ぶ鳥のごとく，たちまち見失い候」

> **浦賀奉行所への第一報**
>
> およそ，三千石積みの舟四隻，
> 帆柱三本立てるも帆を使わず，
> 前後左右，自在にあいなり。
> あたかも飛ぶ鳥のごとく，
> たちまち見失い候

まるで飛んでいる鳥のように，前後左右どこにでも意のままにしているようだ。そして，すぐに見失った。黒船が速く進んでいるということを確認する。

そして，舟の大きさは千石船の３隻分と報告しているが，実際には「千石船は，積載能力は150トンということになり，排水量は約200トンと推定される。一方，"サスケハナ"（黒船，蒸気船）の積載能力は，2450トン，排水量は3824トンなので，千石船の排水量の約19倍」（「yahoo!　知恵袋」参照）ということを説明して，「何でこんな間違いをしたのか」と問いかける。

・あわてていて間違えた。

・遠くを通ったので大きさがわからなかった。

など子どもの意見を聞いてから，浦賀奉行所の対応について話を進めていく。

> 浦賀奉行所は，江戸湾を出入りする全ての船の検問をするための幕府の役所である。八代将軍吉宗の治世，1790年に下田から浦賀に移された。ここを無視して通過することは許されなかった。外国船の場合も同様だが，外国船はここにくるはずもなかった。
>
> しかし，現実には黒船がいる。　　　　（加藤祐三前掲書 p. 4）

82　Ⅲ　小学校社会科・「新教材」授業設計プラン

対応に当たったのは，与力の中島三郎助とオランダ語通訳の堀達之助である。

中島と堀は小さな小舟でペリーの停泊している艦隊に近づき，小舟を横付けし，なんとか，黒船に乗り込もうとしたが，拒否される。埒があなかい。何とか交渉の糸口を見つけなくては。

そのとき，堀が旗艦サスケハナ号に向かって発した一言。

I can speak Dutch!

「私はオランダ語が話せる」という英語であった。

外国語活動が小学校にも取り入れられることになった今日。ここでは，堀の気持ちになって，「I can speak Dutch!」と，子どもたちに叫ばせてみたい。

まず，教師が「I can speak Dutch!」。続いて子どもたちが全員で「I can

speak Dutch!」もっと大きく叫ばないと黒船には届かない。「I can speak Dutch!」

もっと大きな声で，と教師。

「I can speak Dutch!」

「Ok! Ok! Very good!!」と教師。それでは前に出てきて一人で叫んでもらいます。何人かの子に教室の前に出てきて，黒板に投影されている黒船のスライドに向かって，小さな船の上から叫ぶように

「I can speak Dutch!」

と叫ばせる。

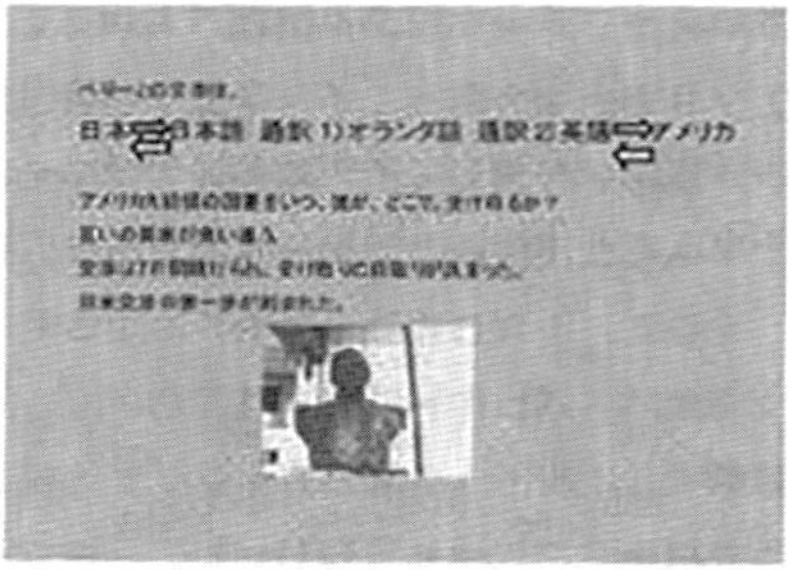

そして，このことの歴史的な意味を解明していく。それは，以後何回となく行われ，今日でも行われている公式な政府間の日米交渉への第一歩ということである。オランダ語通訳の発した一言の英語から始まったのである。

ここでの交渉の仕組みを確認する。

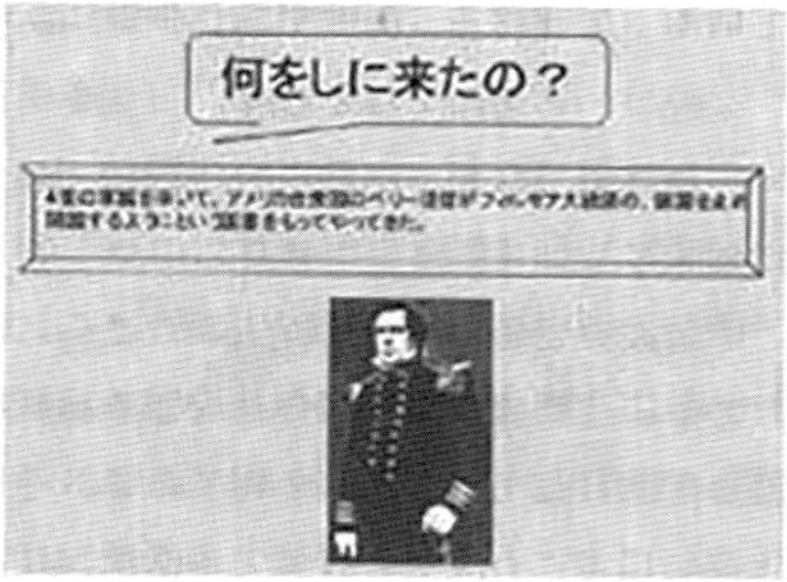

オランダ語を仲立ちとして，日本語と英語のやりとりをした。双方に中国語（漢文）の出来る者もいたので，漢文も使われていた。

これまでの学習では幕府の不手際や驚いているばかりで，何もしないということが強調されてきた。それを代表するのがこの川柳。

「太平の眠りをさます上喜撰，たった四隻で夜も眠れず」

代表的な教材になってきた。

84　Ⅲ　小学校社会科・「新教材」授業設計プラン

この面だけでなく，広い視野から歴史的事象を多面的にとらえていくとすれば，あわてながらも知恵を振り絞り，誠実に対応した幕府側の人に焦点を当てるこことも，必要なことなのではないかと考える。

次にペリー来航の目的にふれる。

そして，ここからが新教材として，「ペリーがどこからどのようにして日本にやってきたか」を，世界の白地図と地球儀を使って調べることにする。

ペリーの日本へ来たルートは，アメリカ東部のノーフォーク軍港を出港，大西洋を渡りアフリカ南端を回ってインド洋から香港に到着。琉球を経由して江戸湾の浦賀につく。

アメリカ出発が1852年11月24日。

そして，主な日程は

マカオ（香港）	1953年４月７日
那覇	５月25日
小笠原調査	６月14日
浦賀	７月８日

ペリーが日本に来たルート

である。アメリカを11月に出て日本（浦賀）につくまで，６ヶ月以上かかっている（加藤祐三『開国史話』神奈川新聞社，2008年参照）。

このコースを指でなぞらせ，日本を目指したペリーの思いに夢を描かせたい。地球儀でなぞった地点を地図帳で確かめて（索引等も活用する）白地図に記入していく。

学習指導要領の６年の歴史のところには，地球儀についての記載はない。しかし，このように地図や地球儀を積極的に活用できる場面を，教材研究を通して開発していきたいものである。その可能性はいくらでもある。寺本潔氏の前掲書にも歴史の授業での活用の仕方が触れられていて参考になる。

中島三郎助父子最後之地
中島三郎助父子最後之地

9
函館税務署
31-3171
ここは
中島町38

任中に知っていれば三谷小学校での卒業生に対する私の授業の内容が変わっていたかもしれません。でも、『維新と戦った男　大島圭介』との出会いは教師伊東富士雄と作家伊東潤がまったく偶然にもそれぞれの専門分野で同じ歴史的事実を扱っていたことを示すものでした。わたしの勝手な解釈ですが、こんなに嬉しいことはありません。どのようにして函館で中島三郎助が死を選び、大島圭介が生き残り明治維新で活躍するようになったかについても同書を通して詳しく知りました。中島三郎助終焉の地千代ヶ岡陣屋跡が中島町となって今、函館税務署になっています。知識が広がること、そして、既習の知識と構造的に結びつくことを実感することができました。

江戸無血開城と洗足池

1868年の4月11日は江戸城が無血開城された日です。

ウクライナとロシアの戦争をみるにつけ無血開城がいかに意義あることであったかがわかります。今、こうしている間にも有能な人材の命が失われているからです。お花見の名所として知られる大田区南千束の洗足池（東急池上線洗足池駅下車徒歩0分）には、江戸無血開城の立役者勝海舟夫妻の墓があります。

海舟が建てた、無血開城のもう一人の立役者西郷隆盛の留魂祠と留魂詩碑もあります。海舟は西南戦争で被った西郷の不名誉の回復に貢献しています。

洗足池

勝海舟夫妻の墓

そして、洗足池には、大田区立勝海舟記念館があります。

勝海舟の記念館は日本ではここだけだそうです。なぜ、大田区の洗足池に勝海舟記念館があるのでしょうか。それは、開城の前々日と前日に江戸無血開城の細部の打ち合わせに、官軍と池上本門寺で会うために海舟が命がけで洗足池畔を通ったからです。官軍の陣所が池上本門寺にありました。

西郷の宿舎は本門寺の96段の坂の手前、理境院にあったといわれています。

記念館には、海舟が洗足池を通ったことを裏付ける次のような掲示があります。明治24年初秋海舟が記した「洗足軒之記并歌」には「慶応戊辰（慶応4年）の変の時に、官軍先鋒の士へ述べることがあるので本門寺に行った。道中、**官軍の兵士等が殺気をふくんで様子を窺っているので、洗足池のほとりにある草庵に立寄り殺気をさけた**」という内容の回想が記されています。海舟が**官軍の殺気を感じ、命がけで**本門寺に向かう途上洗足池に滞在したことがこの掲示からよみとれます。これが海舟と洗足池との最初の出会いです。記念館の年表に、

3月13、14日　江戸薩摩藩邸で西郷隆盛と会談。
4月9、10日　池上本門寺会談、翌日開城に至る。

と表記されています。

西郷隆盛留魂祠

勝海舟記念館

理境院

本門寺96段の坂

4月9日、10日の会談について慶応4年戊辰日記では、大久保一翁とともに、江戸城明け渡しに関する陸海両軍の嘆願書を持参し、参謀である海江田武次、木梨精一郎と話し合った、とあります。令和元（2019）年9月7日勝海舟記念館が開館する以前、江戸城開城を決める勝・西郷会談が、池上本門寺にある松濤園で行われたのではないか、という説がありました。

しかし、この年表は、この説に対して記念館の公式見解を示したものです。

無血開城が決定されたのは、江戸芝にあった薩摩藩江戸屋敷でした。

高輪藩邸に於いて西郷に談判す。これ我が一生の難事なり。（年表より）

さて、勝・西郷会談の開催地について結論をみまし

たが、ここに貴重な資料があります。池上本門寺の周辺の地域はどのようなものであったかを大田区立徳持小学校の先生が大田区小学校社会科部の部報に報告したものです。

■明治維新と地域の人びと

慶応四（１８６８）年三月、江戸城を攻めようと江戸に迫った官軍の本陣を本門寺に置き、西郷隆盛は石段の左にある理境院を宿舎にしていました。薩摩や長州の兵は周辺の農家に泊まり、総攻撃に備えて眠る時もわらじを解かず刀の手入れを怠らず待機していました。農民は野菜や鶏などを食料として取り上げられたり、鉄砲や刀などの武器を隠していないか調べられたり、名主は官軍に協力するか、幕府に通じていないか、厳しく取り調べられたりしました。十五歳から六十歳までの男子はすべて官軍のために働くように命令されました。官軍が地域の人びとにかなり厳しく協力を迫っていたことがよくわかります。勝海舟がこのような状況の中で、無血開城を実現させたことは、今、考えてもすごいことだと思います。そして、明治の世になって勝海舟は池上本門寺に行くときに立ち寄った洗足池を訪れ、津田仙（津田梅子の父）と共に、良い値で土地を買い、洗足軒という別荘を建てたのです。そして、墓所も建てることにしました。

今、大森第六中学校の敷地となっている所です。無血開城と洗足池のかかわりについて触れました。海舟が無血開城のため本門寺を訪れることがなければ洗足池に海舟夫妻の墓、勝海舟記念館も、今、なかったのです。

太田道灌と三谷小

コロナで外出ができなかった２０２０年夏、読書三昧の日々を過ごしていました。伊東潤の『叛鬼』（講談社文庫）を読みました。

室町時代中期１４７７年関東平野を二分する長尾景春の乱が起きます。『叛鬼』に長尾景春側の豊島泰経（石神井城）・泰明（練馬城）兄弟と太田道灌（江戸城）の戦いの場面が描かれています。

①「４月13日、道灌が豊島泰明の籠もる練馬城（としまえんがあったところ）に迫った。しかし、城の守りが堅いことを知った道灌は、練馬城下を焼き払っただけで反転する。この知らせを受けた泰明の兄泰経は石神井城から出撃、弟の泰明も練馬城を出て、道灌の追撃に移った。豊島兄弟が妙正寺川河畔に達したときである。葦原の間から突如として現れた伏兵が豊島勢を襲った。慌てた豊島勢はいったん兵を引こうとしたが、周辺は沼沢地で進退がままならない。四周から猛烈な矢箭《やせん》を浴びた泰明勢は、泰経勢も巻き込んで潰走した。豊島勢の追撃に移った道灌は江古田原と沼袋で二度にわたり豊島勢を撃破、練馬城に逃げ帰ろうとする泰明を討ち取った。地の利のある豊島兄弟も道灌の軍略の前で

は赤子も同然だった。」（前掲書、111頁）

②「いったん江戸城に戻り、軍備を整えた道灌は、石神井城に逃げ込んだ泰経を追い14日、**石神井城近郊の愛宕山に陣を布いた**」（同書、111頁）

③「万策尽きた豊島泰経は18日、降伏を申し出る」「道灌は、いったん泰経の降伏を受け入れたものの道灌の命じた城の破却と退去期日を守らない泰経に疑念を抱き21日、突如として攻撃を再開、28日にこれを攻略した。泰経は命からがら逃亡した」（同書、111～112頁）

長々と引用しましたが、これからの話は**②14日太字の部分**です。地図を見てください。

ネットでこの地図と解説「太田道灌の石神井城攻めの道を行く」を見つけたときはしびれました。太田道灌が戦勝祈願をして槇の木を植えた荻窪八幡神社、そして、

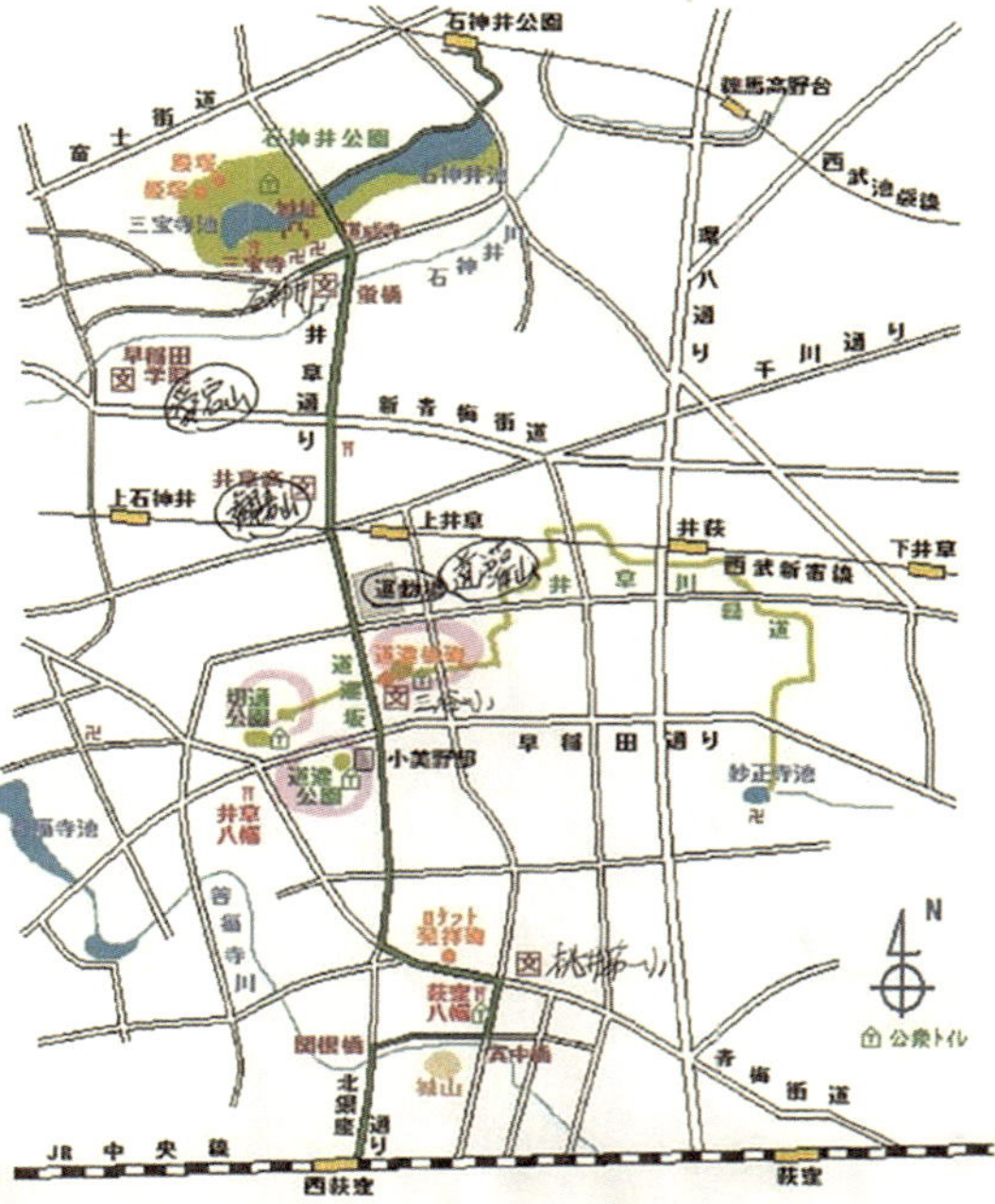

HP「多摩のジョギング道」掲載地図に加筆
http://tamamichi.life.coocan.jp/dokan/dokan.htm より作成

道灌が陣幕を張った小美野邸
道灌坂、道灌公園、道灌橋之跡碑
そして、中心に「文」三谷小学校（小学校を示す地図記号）

が目に飛び込んできました。

それから、道灌山（杉並区上井草スポーツセンター）、観音山（都立井草高校）、『叛鬼』にも登場する愛宕山（早稲田高等学院）も、すべての道は石神井城に繋がっているのです。**特に太字**で示した部分は、何とわたしが平成18（２００６）年４月から平成21（２００９）年３月まで校長をしていた**杉並区立三谷小学校**の周辺なのです。史跡のど真ん中で３年間暮らしていたことになります。しかし、『叛鬼』とこの地図を見るまでその歴史的意味の重要性に気付いていなかったのです。それまでのわたしの太田道灌に関する知識と言えば、１　江戸城をつくった、２「七重八重花は咲けども山吹の　蓑ひとつだに　なきぞ悲しき」という歌を詠んだ、の二つくらいです。

学区の周りが太田道灌にかかわる史跡であふれているのです。石神井城と三谷小学校の位置関係を線として実感できていませんでした。石神井城の存在そのもの、太田道灌が石神井城を攻めたことの意味が、歴史的事実として実感されていたとも言えません。これを教材にしない手はないと今になって思うのです。そこで改めて、わたしの在任中に発行した『新わたしたちの三谷』（創立50周年記念誌副読本）を調べてみました。

ありました！！！

道灌橋についての記述が旧道灌橋の写真入りで。今回再認識しましたが、この記念碑には当時あった石橋の一部を使用したとのことです。

今くらいのお城に関する知識があれば、この副読本を生かして校長の卒業記念授業ができたと思います。当時は上杉鷹山を取り上げた授業をしていました（伊東冨士雄『小学校社会科「新教材」授業設計プラン』２００９年９月　明治図書参照）。

お城の勉強を始めたのは前にも書きましたが、校長を退職し、第２の就職である大学の仕事の終盤、平成

（4）　道灌《どうかん》橋

道灌橋付近

学校の西の通りが、道灌坂《どうかんざか》と呼ばれていました。その坂を下りきった所に井草川をわたる道灌橋《どうかんばし》がかかっていました。

この呼び名は、江戸城《えどじょう》を築《きず》いたことで有名《ゆうめい》な大田道灌《おおたどうかん》が、1477年（文明９年）に豊島氏《としまし》の石神井城《しゃくじいじょう》を攻《せ》め落《お》としたときに、このあたりに陣《じん》を置いたことによります。

今は、遊歩道《ゆうほどう》に「道灌橋」のあとの石碑《せきひ》が残っています。

道灌橋之跡

井草川には、多くの橋がかけられていました。橋の名前は、古くから呼ばれていた土地の名前をつけられています。道灌橋、上井草橋、今川橋、瀬戸原《せとはら》橋などです。

「道灌橋跡《あと》」は、旧道《きゅうとう》時代の石で作られた道灌橋の跡《あと》を記念して建立されました。石碑は、当時の石橋の一部を使用し、1978年（昭和53年）に小美野房治氏が建立《こんりゅう》しました。昔より土地の人は、このあたりを「道灌」と呼んでいました。

28（２０１６）年になってからです。校長時代の10年後です。それ以前のわたしには、道灌の江戸城をつくったという歴史的事実以外は、認識の外にあったと言えます。太田道灌を知るようになったのは、主に、伊東潤の城に関する著作や小説からです。

例えば、永享４（１４３２）年相模守護・扇谷上杉氏の家宰を務める太田氏の嫡男として生まれる。幼少時からその才は傑出し、９歳から15歳まで預けられた鎌倉五山の学所では「五山無双」と言われた。長尾景春の乱で扇谷上杉氏として山内上杉氏に味方し長尾景春と戦った。様々な戦いや調略でその力を遺憾なく発揮し勝利を収めた。そのあまり、上司に妬まれて暗殺された。

「小机はまず手習ひのはじめにて　いろはにほへと　ちりぢりになる」

この歌は石神井城で行方不明になった豊島泰経が、道灌に小机城でほろぼされたときのものと言われています。偽作という説もありますが、道灌の自信と傲慢さがよみとれるかもしれません。

コロナ禍でなかなか行けなかったのですが、２０２２年3月30日、10年ぶりにもとの職場の周辺をお城の視点で散策できました。三谷小学校周辺には、道灌に関わる史跡がありました。

道灌橋公園を右に曲がった所に道灌橋之跡碑があります。

続いて、井草川暗渠です。この暗渠を通勤時毎日歩いていました。

そして、道灌坂です。この道灌坂の一番低いところが井草川暗渠で、道灌橋之跡碑と道灌橋公園があります。

次に、道灌公園です。道灌の名前の付いた公園です。陣幕といわれた小美野邸近くにあります。

道灌坂を北上します。道灌山、観音山、愛宕山の３カ所に道灌は陣を張ったと言われています。

そして、石神井城址。

11月の文化の日の近くになると公開されます。この写真は公開時のものです。

最後に、道灌が戦勝祈願をした荻窪八幡神社です。

道灌橋之跡碑

（2022年３月30日伊東撮影）

道灌橋公園と三谷小学校

橋跡と橋がかかっていた井草川暗渠

道灌坂

道灌公園

上井草スポーツセンター（道灌山）

都立井草高等学校（観音山）

早稲田高等学院（愛宕山）

石神井城址

石神井城土塁と空堀

荻窪八幡神社の道灌槙

鳥居の真ん中に伸びる高い木がご神木になっています。

今から約550年前に展開された太田道灌と豊島泰経・泰明兄弟の戦いの跡を半日かけてめぐってきました。13年前に道灌について知っていたらと思うと残念ですが、新たな学びには、後悔よりも新たな展開が待っていることを期待しています。

江戸城と青梅街道

杉並区立三谷小学校3年間の校長在任中に、太田道灌と三谷小学校の位置との歴史的意味に気付くことができず、今、後悔していることにふれました（125頁参照）。

同じようなことが、平成14（2002）年4月から平成18（2006）年3月まで校長をしていた杉並第十小学校でもあったのです。杉並第十小学校の最寄り駅、地下鉄丸ノ内線東高円寺駅上に青梅街道があります。青梅街

青梅街道

道の由来を書いた杉並区教育委員会作成の案内板が道路近くにあります。

案内板は青梅街道の由来を紹介しています。

徳川家康が江戸城（天守）修築の城壁用に武州多摩郡の上成木村、北小曽木村（現青梅市）産出の石灰を運ぶ道を大久保長安に開かせたのです。

平成6年作成の案内板の存在に気付き、その内容を知ったのはつい最近、令和3（2021）年のことなのです。城の勉強を始め、江戸城に城としての興味をもってから、この案内板に接することによってその内容を読み解くことができました。しかし、実は、これより16年前に青梅街道の由来に気付くチャンスがあったのです。それは平成18（2006）年にです。三谷小学校の創立50周年記念誌副読本『新わたしたちの三谷』作成に、校長としてかかわりました。

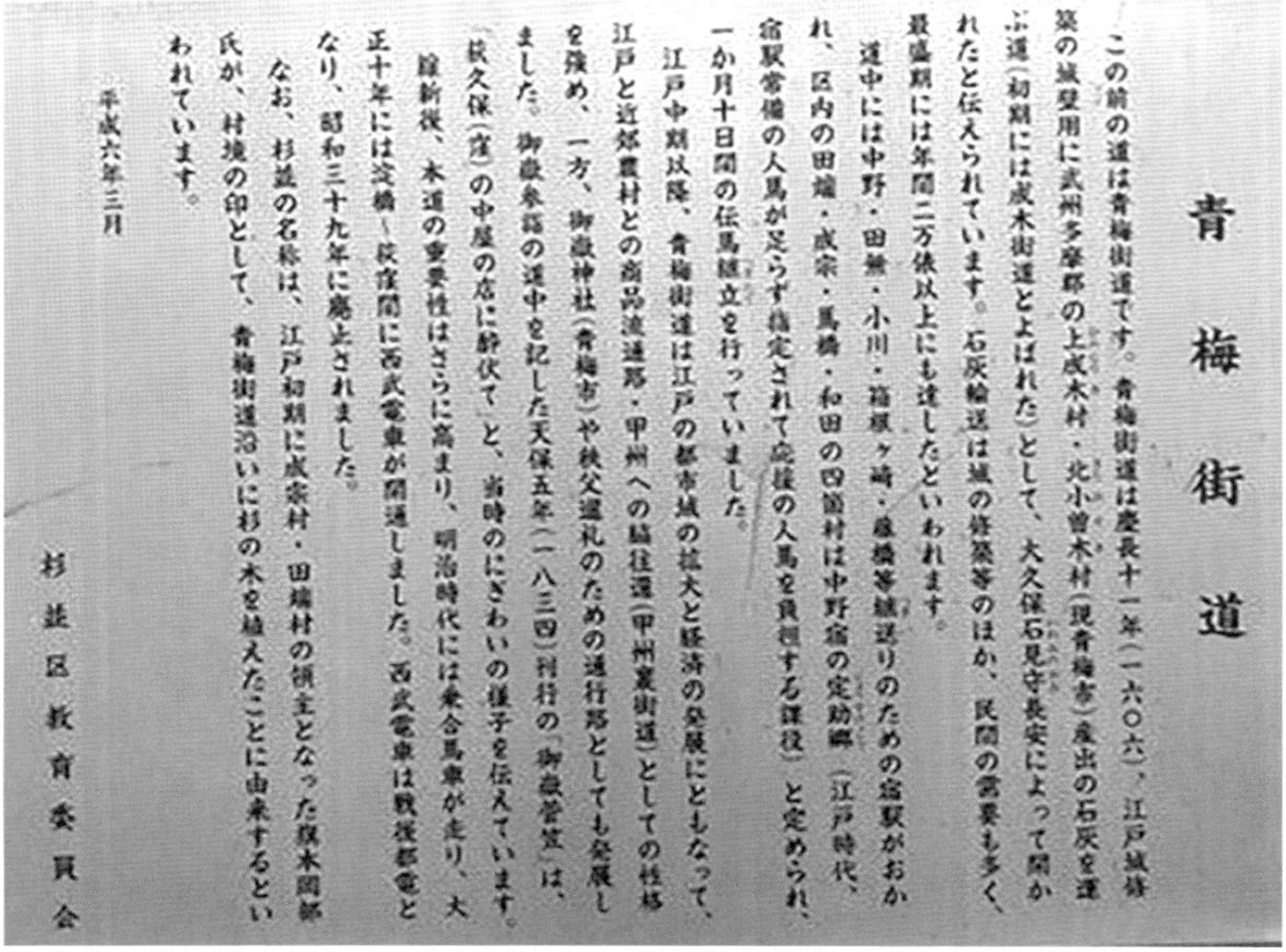

青梅街道

この前の道は青梅街道です。青梅街道は慶長十一年（一六〇六）、江戸城修築の城壁用に武州多摩郡の上成木村・北小曽木村（現青梅市）産出の石灰を運ぶ道（初期には成木街道とよばれた）として、大久保石見守長安によって開かれたと伝えられています。石灰輸送は城の修築等のほか、民間の需要も多く、最盛期には年間二万俵以上にも達したといわれます。

道中には中野・田無・小川・箱根ヶ崎・扇橋等継送りのための宿駅がおかれ、区内の田端・成宗・馬橋・和田の四箇村は中野宿の定助郷（江戸時代、宿駅常備の人馬が足らず補充されて応援の人馬を負担する課役）と定められ、一か月十日間の伝馬継立を行っていました。

江戸中期以降、青梅街道は江戸の都市域の拡大と経済の発展にともなって、江戸と近郊農村との商品流通路・甲州への脇往還（甲州裏街道）としての性格を強め、一方、御嶽神社（青梅市）や秩父巡礼のための通行路としても発展しました。御嶽参詣の道中を記した天保五年（一八三四）刊行の「御嶽菅笠」は、「荻久保（窪）の中屋の店に酔伏て」と、当時のにぎわいの様子を伝えています。

維新後、本道の重要性はさらに高まり、明治時代には乗合馬車が走り、大正十年には淀橋～荻窪間に西武電車が開通しました。西武電車は戦後都電となり、昭和三十九年に廃止されました。

なお、杉並の名称は、江戸初期に成宗村・田端村の領主となった岡部氏が、村境の印として、青梅街道沿いに杉の木を植えたことに由来するといわれています。

平成六年三月

杉並区教育委員会

本著125頁で「道灌橋之跡碑」の記述については触れました。その際、副読本の中に青梅街道についての記載があることを最近、再発見したのです。それは、これです（下）。

前述した青梅街道案内板と同じ青梅街道の由来が記述してあります。平成18（2006）年に校長として、この副読本を発行したのですからこのページはきちんと読んでいるはずです。字面としては、読んでいても意味内容を実感として記憶に留めるような読み方をしていなかったことになります。

さて、松江歴史館にあった「江戸始図」の発見によって家康の作った江戸城の天守の様子が分かってきました。それは江戸城が姫路城に似ているということです。

白い漆喰の塗ってある白鷺城と呼ばれる姫路城で

2　むさしのに生きる

青梅街道

青梅《おうめ》街道《かいどう》は、江戸（今の東京）に幕府《ばくふ》がおかれたのち、1606年に江戸《えど》城《じょう》の修理《しゅうり》のために必要《ひつよう》な石灰《せっかい》を運ぶために開かれました。はじめは、石灰の主な産地《さんち》であった成木《なりき》（西多摩）の名前を取って成木街道《なりきかいどう》と呼《よ》ばれていました。江戸城の修理が終わった後も、大名屋敷《だいみょうやしき》や蔵《くら》のかべの材《ざい》料として石灰が多く使われ、街道を通って運ばれました。

18世紀になると、江戸の人口が、100万人をこえ、世界最大《せかいさいだい》の都市《とし》となりました。せまい土地に木で作られた家がたくさん建てられ、水の便《べん》が悪《わる》かったので、江戸では大火事《おおかじ》がたびたびおこりました。そのたびごとに青梅から杉の材木を運んだので、青梅街道と呼ばれるようになりました。そのころの青梅街道は、砂利《じゃり》がしいてあるだけで、道の表面《ひょうめん》は、荷車《にぐるま》の車輪《しゃりん》で掘《ほ》られた穴《あな》だらけのガタガタ道でした。

昔の青梅街道のようす

大正時代になると、このあたりでとれた野菜やたくあんなどは、青梅街道を通って、神田《かんだ》や京橋《きょうばし》の市に運ばれました。人がおす荷車《にぐるま》や牛や馬を使いました。

青梅街道（50年前）

す。家康の江戸城の天守も白漆喰の塗ってあるお城だったのです。その原料として、大量の石灰が必要だったことになります。わたしは、かつて次のようなことを著書に書いたことがあります。

「民放で放送している『暴れん坊将軍』のタイトルバックに江戸城の天守閣がでてくる。吉宗時代の享保年間には、明暦の大火（明暦３〈１６５７〉年）で焼けていて天守閣はなかったそうだ。」実は、このテレビの映像のロケ地が姫路城なのです。吉宗時代享保年間の事として姫路城の天守を登場させるのは歴史の事実と反するので好ましくないでしょう。しかし、家康の時代の天守として姫路城でロケした映像を登場させるのは具体的なイメージを与えるという意味では「ありかな」とも思います。わたしが校長をしていた二つの学校が、青梅街道の由来という歴史的事実で繫がったことに驚いています。これも、お城の勉強をしたからだと思います。

姫路城

第２章　現存天守について

現存12天守　訪問記

江戸時代から今まで残っている天守を現存天守と言います。12あります。備中松山城、丸亀城、宇和島城を除いては、既に観光等で訪ねたことはありますが、スタンプを集めながら１００名城をウオッチングする過程で、改めて12の現存天守を訪ねました。そのときに感じたことや、日本城郭検定で学んだことなどについて述べていきます。

①弘前城天守

最初に建てた天守が落雷で炎上し、２００年間天守のない時代がありました。正保城絵図には、天守が失われていたために「てん守ノあと」との注記がありま

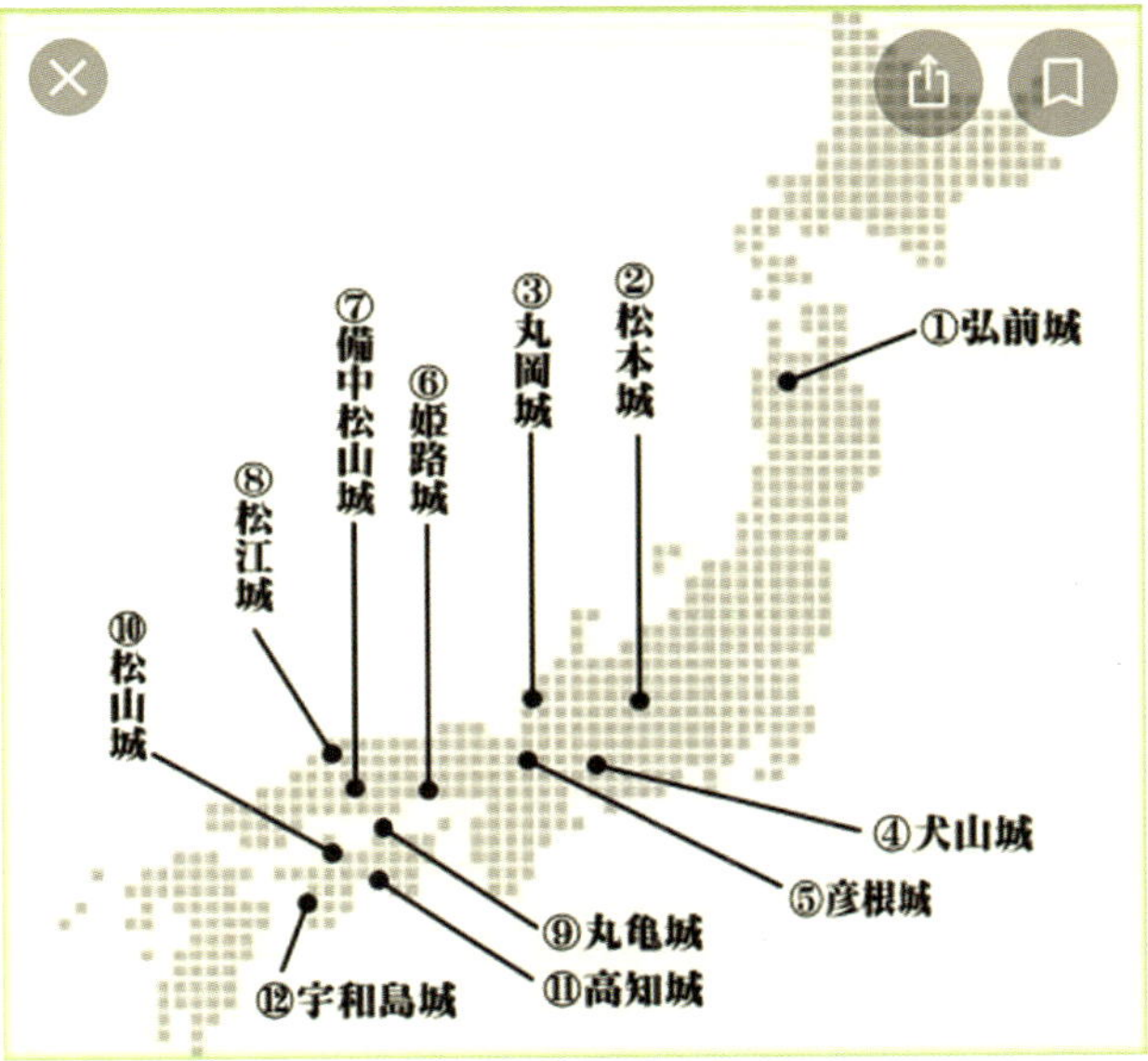

す。

現在の天守は1810年に建てられたものです。石垣の修理をするために曳家工法を使って70mずらしたところに現在建っています。工事終了後は元の位置に戻される予定です。この石垣工事に10年を要していきます。名古屋城は天守を木造に建て替えると言っていますが、その土台となる石垣の修理をしてからということになると10年では済まないと思うのはわたしだけでしょうか。

②松本城天守

黒漆喰下見板張りのお城です。黒いお城です。天守（中央）・乾小天守（左）と辰巳附櫓・月見櫓（赤い欄干）で、出来た年代が違います。月見櫓は将軍家光が訪問するということで造ったのですが、中山道木曽路等に落石があったということで、実際には見えなかったそうです。

③丸岡城天守

入母屋造りの建物の屋根の上に物見と呼ばれる望楼を載せる望楼型天守です。天守台の上に入母屋造りの建物が1階建てとなっている天守です。木があってよく見えませんが、白木の出格子に板葺き屋根、簡単な出窓があります。屋根は笏谷石《しゃくだにいし》といわれる地元産の石で出来ています。

④犬山城天守

犬山城の天守には、犬山城マイスター「たかまるさん」によると次の七つの見所があります。①望楼型天

弘前城天守

松本城天守

丸岡城天守

丸岡城天守笏谷石瓦

守、②真壁造り、③華頭窓、④廻縁《まわりえん》・高欄《こうらん》、⑤唐破風、⑥二つの附櫓、⑦桃瓦。

③の華頭窓は、本物の窓ではありません。飾りです。伊達めがねならぬ伊達華頭といってもいいように思います。④の廻縁には実際に出られます。でも、修理前だったので床がきしんで怖いような気もしました。⑦の桃瓦は気付きませんでした。次回の訪問の楽しみにとっておきます。

⑤彦根城天守

豪華絢爛、各種の破風があります。金箔が唐破風にはってあります。大きな千鳥破風。同じ階に二つある切妻破風。天守に切妻破風があるのは彦根城だけだそうです。破風は全部で18あるそうです。２階、３階には華頭窓があります。これも全部で18あります。想像して描いてみたのがこの図です（次頁下）。

彦根城のマスコットキャラクター「ひこにゃん」が誕

犬山城天守

彦根城天守

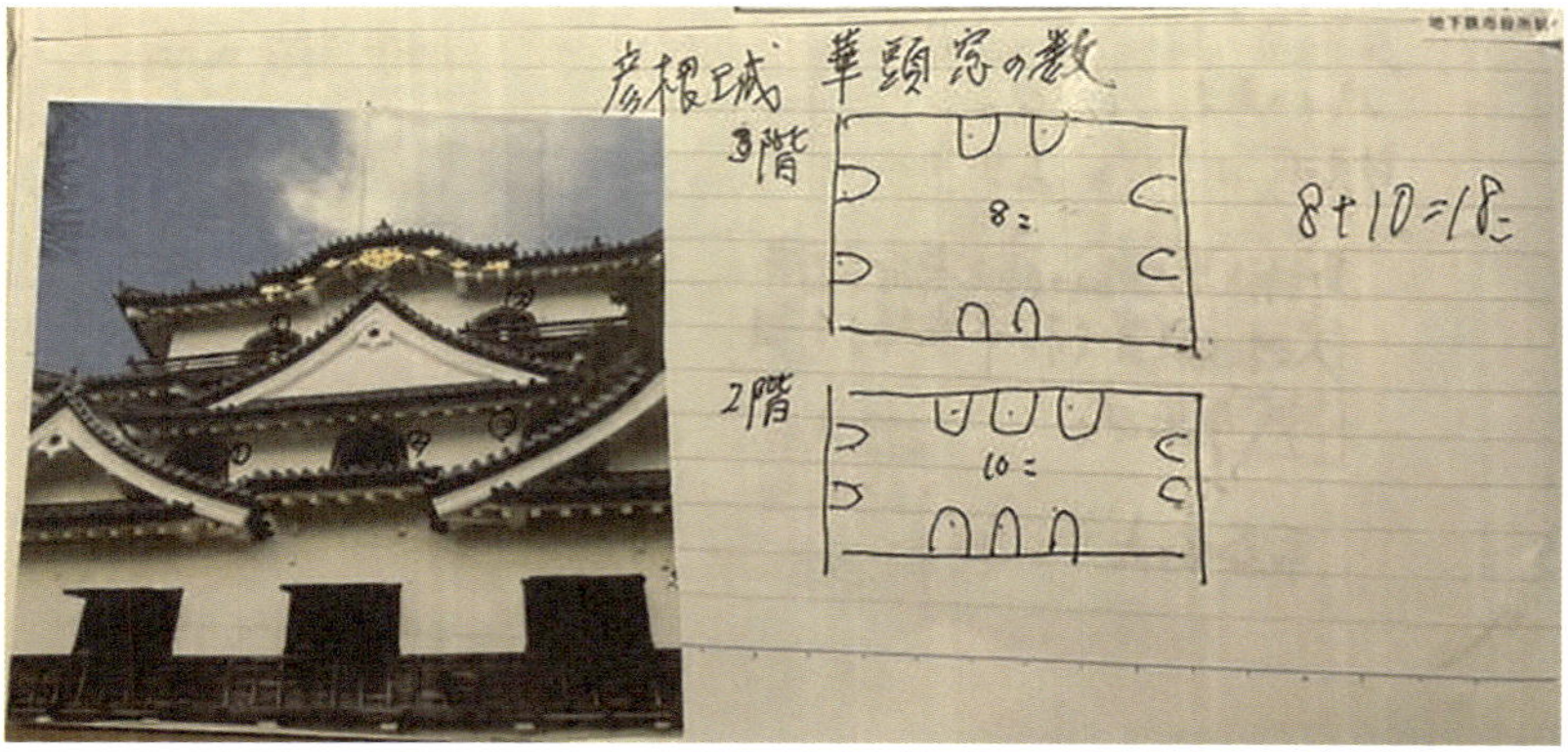

華頭窓の数18

生したのは、２００６（平成18）年です。「国宝・彦根城築城４００年祭」で愛称が公募されました。これによって観光地としての彦根城は人気が高まったと思われます。

わたしが彦根城を最初に訪れたのは、ひこにゃん誕生以前の２０００年頃です。天守の最上階に上る階段が昔のままで傾斜がきつく、上りにくかった、下りにくかったと記憶しています。でもそのことで国宝現存天守を実感できたようにも思います。

ひこにゃん誕生以後訪れたときには、手すりがついていて上りやすくなっていました。お土産としては「ひこどら」がオススメです。

⑥姫路城天守

文化財保護法での国宝第一号、平成５（１９９３）年に世界遺産になっています。桜に白い姫路城天守が似合います。近くに見える天守に、道中様々な防御施設があるので、なかなかたどり着くことができません。徳川家康が作った白塗りの江戸城天守との類似点が、「江戸始図」発見以来指摘されています。家康の娘婿池田輝政が９年の歳月を費やして江戸城の試作品を姫路に作ったのではないかとも思えてしまいます。

⑦備中松山城天守

最近の話題は何といっても、猫城主さんじゅーろーの存在です。飼い主がいる飼い猫でしたが、家出をし

姫路城天守

備中松山城天守

てお城に来てしまいました。一度飼い主の元に戻したのですが、再び家出をしてお城に来てしまいました。高梁市では、飼い主の了解を得て、お城で世話をすることになりました。タクシーの運転手さんの話では、さんじゅーろーに会うことだけを目的に山道を歩いてお城にやってくる人が増えているそうです。

⑧松江城天守

２０１５（平成27）年、63年ぶりに5番目の国宝に指定されました。決め手になったのは、慶長16年の祈禱札が発見されたからです。写真はレプリカです。柱の穴が祈禱札のネジ穴と一致しました。

１３０本（３０８本中）の天守を支える柱は、柱に厚板を継ぎ合わせ張り鎹や鉄輪で強度を増しています。

城主さんじゅーろー

⑨丸亀城天守

四国の現存天守では最も古い天守です（１６６０年）。現存天守の中で最も小さい天守です。天守からは

松江城天守

松江城祈禱札

強度を増した柱

丸亀城天守

瀬戸大橋を見ることができます。今、大雨で崩れた石垣の修理中です。

2枚の土壁の間に瓦礫を詰めた防弾用の壁である太鼓壁があります。

江戸時代に檜で作られた城の模型が全国で唯一現存し、市立図書館に保存されています。

⑩（伊予）松山城天守

26年の歳月をかけて築城した当初の5重天守が焼失してしまい、幕末に3層で連立式の天守が再建されました。堅固な守りの感じられる城です。現存12天守の中では最も新しい天守です。

⑪高知城天守

復古式の天守と言われています。江戸時代中期以降の建築にもかかわらず、望楼型で回廊高欄を付設した古式

丸亀城　崩れた石垣

（伊予）松山城天守

高知城天守

の天守です。槍の先のような鉄が何本も刺してある鼠返しと石落が見えます。天守に本丸御殿が附属しているのも現存天守で唯一のものです。

⑫宇和島城天守

中世城郭である板島串丸城の敷地に藤堂高虎が築城した総漆喰式層塔型天守です。玄関の唐破風もシンプルで素晴らしい。平和な時代を象徴するかのように狭間がありません。

ところで、次の数字は2020年度の現存12天守の入場者数です（日本地理データ年鑑2022）。

姫路城　39万　200人
彦根城　35万1000人
松本城　31万1400人
犬山城　24万8600人
松江城　17万1400人

現存の天守と御殿がある高知城

松山城　16万３５００人
高知城　10万１７００人
弘前城　８万２０００人
丸岡城　７万　５０００人
丸亀城　５万８２００人
備中松山城　５万１５００人
宇和島城　２万８４００人

これを見てどう思いますか。国宝５城が上位５位を占めています。交通の便も関係しているかもしれません。やはり、宇和島は行きにくいですかね。同年鑑で上野動物園の入場者数は53万人、名古屋市東山動物園は１３５万人です。お城の入場者は、動物園と比べると少ないということでしょうか。

宇和島城天守

第3章　現存三重櫓について

明石城と弘前城の三重櫓。おぼろげな記憶を修正する

最近、お城についてのおぼろげな記憶の修正を迫られる場面に出会いました。「二の丸辰巳櫓、二の丸未申櫓などが現存しているのはどのお城でしょう」という問題と出会いました。

選択肢は明石城、高知城、弘前城、熊本城です。

考えるポイントは、二の丸というお城の場所が示されていること、辰巳《たつみ》と未申《ひつじさる》という方角が示されていること、現存の櫓であることです。方角を図に示すと下の写真のようになります。

答えはたつみ（東南の方角）、ひつじさる（西南の方角）の方角にある櫓ということになります。わたしは、「たつみ」と「ひつじさる」を短絡的にとらえ、明石城を思い浮かべました。

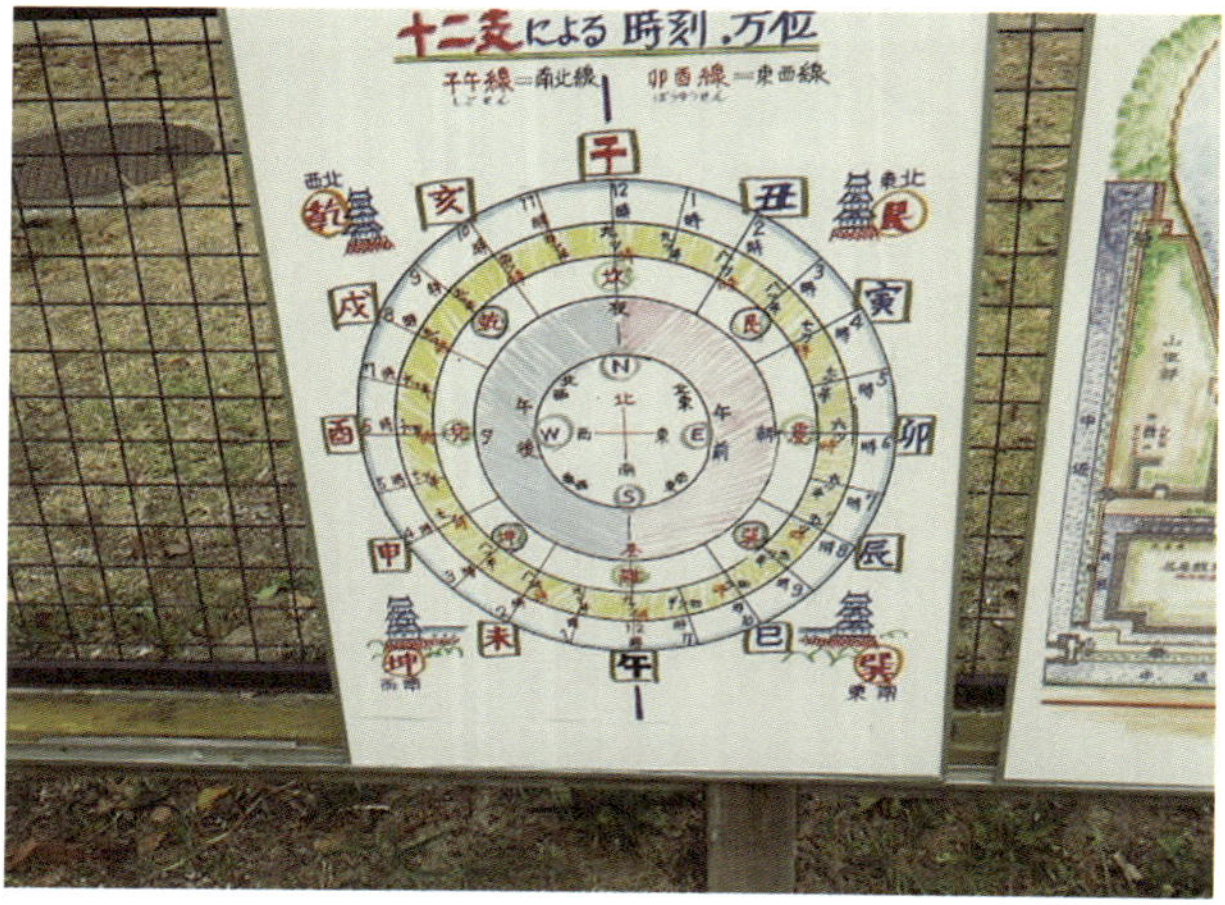

明石城巽櫓

明石城坤櫓

明石城巽櫓と明石城坤櫓を知っていたからです。100名城めぐりを始めたばかりの2016年8月に訪れたので、印象が深く心に残っていたのでしょう。明石城の表記は「巽」と「坤」です。しかし、正解は弘前城なのです。弘前城には**二の丸**に辰巳櫓、未申櫓、丑寅櫓の三つの三重櫓があります。

問題の**二の丸辰巳**櫓、**二の丸未申**櫓の文字の示すところを深く読み解くことが必要だったのです。

現存の三階櫓は12あります。ここで紹介した五つの櫓はどれもこの中に入っています。他の七つの三重櫓についても次項で取り上げたいと思います。

現存の三重櫓2

江戸時代から残る現存の三重櫓は12あります。前項（152〜154頁）では明石城の巽櫓、坤櫓、弘前城二の丸辰巳櫓、未申櫓、丑寅櫓について触れました。今

弘前城辰巳櫓

弘前城未申櫓

弘前城丑寅櫓

回は残りの七つの御三重櫓をわたしが撮影した写真で紹介します。

①江戸城富士見櫓です。

わたしが最も好きなお城です。この写真をわたしのZOOMのバックにしています。ZOOM会議で自己紹介するとき冒頭で「この写真のお城はどこの都道府県にあると思いますか」と、尋ねます。東京都千代田区にありますと答えると驚かれる方が多いのです。明暦の大火で江戸城の天守が焼失して以来、天守の代わりを果たしました。戊辰戦争のとき、上野で彰義隊が立て籠もって戦っているのを官軍の指揮者大村益次郎が見ていたそうです。富士見櫓というくらいですから、富士山がよく見えたのだと思います。この櫓が載っている石垣は加藤清正が造ったと言われています。

②名古屋城西北隅櫓です。

江戸城富士見櫓

名古屋城西北隅櫓

彦根城西の丸三重櫓

清洲城から移築されたということで、清洲櫓とも言われています。

③彦根城西の丸三重櫓です。

城の搦手を守る重要な櫓です。東側と北側にそれぞれ1階の続櫓を「く」の字に付設しています。

④高松城月見櫓です。

『ブラタモリ』でもいっていましたが、月を見るというより、「着見」櫓だそうです。瀬戸内海を出入りする船を監視するための櫓だったそうです。

⑤高松城旧三の丸艮櫓です。月見櫓に比べると大きな櫓のように見えました。

⑥福山城伏見櫓です。

高松城月見櫓

高松城旧三の丸艮櫓

福山城伏見櫓

新幹線福山駅を降りて福山城に向かうとこの櫓が真っ先に目に飛び込んできます。伏見城松ノ丸から移築されたと言われてきました。昭和29（１９５４）年の解体修理の際、梁の陰刻に「松ノ丸東やぐら」とあるのが発見され移築の伝えが正しいことが明らかになりました。

⑦熊本城宇土櫓です。

宇土城から移築されたと言われたこともあったそうですが、調査の結果否定されています。姫路城天守、松本城天守、松江城天守に次いで四番目の高さがあります。立派な天守といってもよいくらいの櫓です。熊本地震の傷跡が多く、解体復旧が予定されています**（現在工事に入りその姿を見ることはできません）**。

熊本城宇土櫓

第４章　子ども・保護者・町内会とお城について学ぶ

ふうちゃんのお城検定入門（ふうちゃん小学生に授業）

２０２２年９月16日に都内の小学校で念願かなってお城の授業をしました。対象は４、５、６年生の希望者82名です。タイトルは「ふうちゃんのお城検定入門」です。下のようなパワーポイントの資料で、プロローグを行います。

お城大好きなあなた。
お城に興味のあるあなた。
これからお城を知りたいあなた。
大歓迎です。

ここから本題に入ります。
事前に提示した問題１、問題２の答え合わせをしていきます。

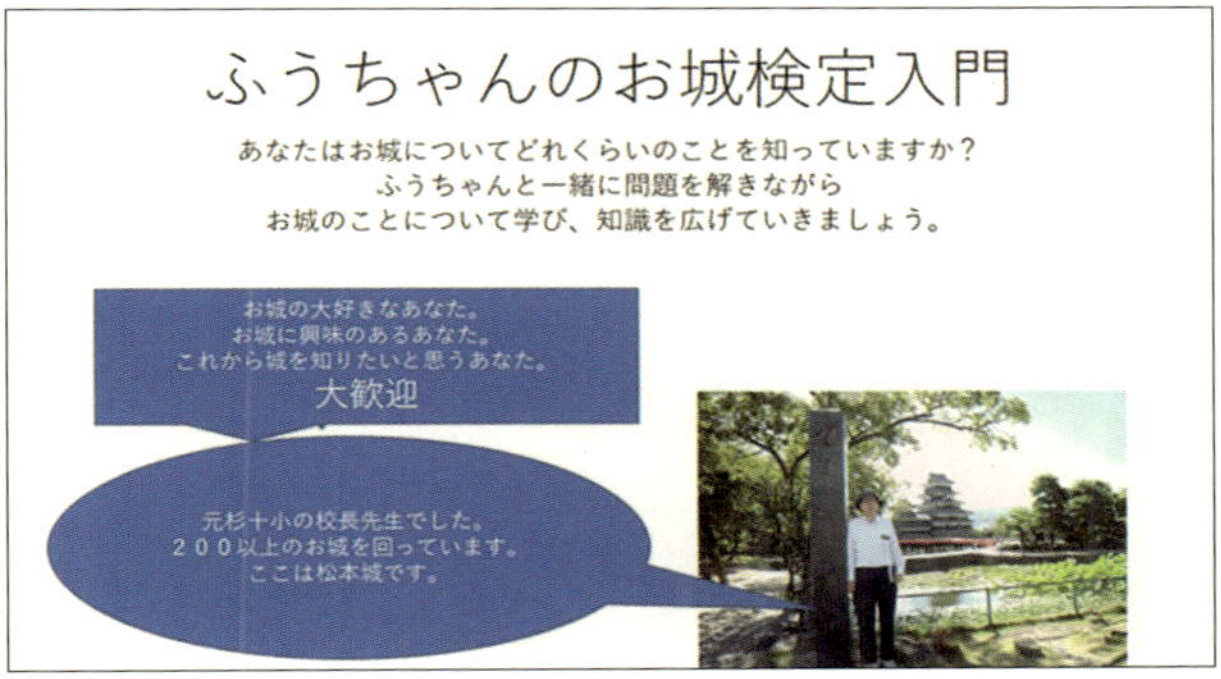

問題１　日本にいくつお城があるといわれていますか。

- １　約100
- ２　約300
- ３　約3000
- ４　約30000

- 答え　4（約30000）
- 　20000から50000と言われています。

問題2　江戸時代の少し前・江戸時代に建てられて、
今まで残っている天守（現存天守）は、いくつあるでしょう。

- 1　2
- 2　12
- 3　32
- 4　52

- 答え　2（12）

４年生、５年生がいるので江戸時代について簡単に説明します。令和、平成、昭和、大正、明治、その前が江戸時代、今から４００年以上前という程度ですが。

その時代を通して、残っているのが12天守（天守閣、お城の中心になる建物）。これから12の天守の写真を一つずつ提示していきます。

ここから写真を提示しながらお城について話をすることがポイントになります。直木賞作家の今村翔吾さんは、YouTubeでお城についての1分間スピーチを公開しています。でも、今村さんのような1分間の早口な話では子どもは理解できません。小学生でも分かる簡単な話をしなければなりません（今村さんの1分間スピーチがとても参考になりました）。どんな話をしたか、思い出しながら、書いてみます。12のお城の位置（都道府県）を示して、略図を各自に渡し、実際の場所は、地図帳（地図の教科書）で確かめるように指示しました。

■弘前城

桜の花が最も美しいお城の一つといわれています。桜の花が美しいところは桜の紅葉も美しいです。わたしは桜の花は見たことがありませんが、

> ３　皆さんが知っているお城が
> この１２のお城の中にありますか？
>
> 1　行ったことがある。
> 2　コンピュータ、テレビ、本、写真などでみたことがある。
> 3　話を聞いたことがある。
> 4　初めて知った。
> 5　写真を見て気づいたことなど。

桜の紅葉を見たことはありますか。お城の屋根の色に注目してください。濃い緑色をしています。屋根が銅ぶきで出来ているからです。雪深い寒い土地なので普通の瓦だと、凍結し、ひび割れてしまうからです。

■松本城

黒いしっかりとしたお城です。わたしが12のお城の中で最も多く行ったお城です。おそらく、10回以上。勤務校の6年生が林間学校で毎年8月に中房温泉から燕岳登山に行っていたので、松本はその途中でした。右側に赤い欄干のある月見櫓があります。将軍家光が松本城を訪ねてくるというので、お月見をするために作ったのですが、実際には、訪ねてきませんでした。でも、松本城のお殿様はここでお月見を楽しんだことでしょう。

弘前城（ひろさきじょう・青森県）

松本城（まつもとじょう・長野県）

■犬山城

木曽川に沿った崖の上にあるお城です。天守の最上階にある欄干から外を見ることができます。最上階の右にあるお寺の釣鐘のような華頭窓は飾り窓で実際に外を見ることができません。

■丸岡城

かわいいお城です。福井県にあり雪が降り寒さを避けるためにここのお城の屋根は笏谷石《しゃくだにいし》という石で出来ています。この角度で写真を撮ったのは、右下にある石碑を撮るためです。

「一筆啓上。おしん泣かすな。馬肥やせ」（夫が妻に宛てて、一言申し上げます。子どもを泣かせないで、馬に餌をやって丈夫に育てるように）という一番短い名文といわれている手紙文が書かれています。

犬山城（いぬやまじょう・愛知県）

丸岡城（まるおかじょう・福井県）

■彦根城

均斉の取れた飾りの美しいお城です。皆さんがよく知っているひこにゃんのいるお城です。ひこにゃんは築城４００年を記念して彦根城のシンボルとして募集されました。ゆるキャラ第1号のようで、これがきっかけで各地にゆるキャラが登場しました。お城はリユースで作られているものがあります。彦根城の天守は大津城を移築したと言われています。わたしのリュックにあったひこにゃんを実際に見せました。大好評でした。

■姫路城

最も有名な美しいお城です。わたしが訪れた時は桜がきれいでした。守りも厳重でなかなか天守にはたどり着けないような仕掛けがいっぱいあります。平成の大修理を

彦根城（ひこねじょう・滋賀県）

姫路城（ひめじじょう・兵庫県）

経て白い色が目立ちます。このような美しい姿をみられるのも多くの人の努力があったのです。

テレビで見た話ですが、戦争中天守で不発の爆弾が発見されました。警備をしていた人々（兵隊さん）が慎重に安全な場所まで運び出し処理をしたそうです。

■備中松山城

松山城というと愛媛県松山市にあると思う人がいるかもしれません。わたしの奥さんもつい最近までそう思っていた一人です。岡山県高梁市にあるのです。山城で最も高いところにある天守です。ここでは最近の話題を紹介します。

猫城主のさんじゅーろーです。高梁市の町中の飼い猫でした。ある日、家出をして、

備中松山城（びっちゅうまつやまじょう・岡山県）

備中松山城主・さんじゅーろー

お城に住み着いてしまいます。飼い主が発見し、連れ戻しました。しかし、また、家出をしてお城に来てしまいます。市の観光協会では、飼い主と話をして市がもらい受けることにしました。猫城主さんじゅーろーの誕生です。バスやタクシーでふもとから鞴《ふいご》峠まで来てあと30分山道を歩かなければならないのですが、猫に会うためにやってくる人が増えているそうです。

■松江城

島根県松江市にある松江城です。黒塗りのしっかりとしたお城です。千鳥城とも呼ばれています。華頭窓が見えますが、犬山城と違い外が見える窓です。お城の上からは宍道湖が見えます。お濠からは舟で天守をながめることもできます。

ここから四つは四国のお城です。

■丸亀城

60mの石垣の上に建つ、かわいらしいお城です。12天守の中でもっとも小さいです。瀬戸内海の眺めがよく、瀬戸大橋も見えます。お城の中にはうちわの工房もあります。２０１９年大雨で石垣の一部が崩れ修理をして

松江城（まつえじょう・島根県）

います。丸亀城だけでなく、昔からある石垣を地震や大雨から守り維持していくことが課題になっています。

■伊予松山城

普通に松山城というときには愛媛県松山市にあるこのお城を指します。備中松山城と区別するときには伊予松山城といいます。ここも姫路城と似て、がっちりした守りになっています。天守が櫓や門に囲まれています。天守までにはいろいろな仕掛けがあり、なかなかたどりつけないようになっています。ロープウェイ・リフトを使って天守に行くことが多いです。

■宇和島城

正面に唐破風のついた玄関があります。平和な時代を象徴するかのようなつくりで

丸亀城（まるがめじょう・香川県）

伊予松山城（いよまつやまじょう・愛媛県）

す。鉄砲や矢を仕掛ける△や□の狭間が見えません。均斉の取れた天守です。

かつては宇和海に面した海域でした。

■高知城

最後の高知城になりました。わたしも疲れてきたので子どもに問いました。「お城を守る仕掛けがあるのだけど、見つけられますか」多くの子どもたちの手が上がりました。石落、鼠返しを発見し、写真上で位置を示してくれました。さすが、城の授業を選択した子どもたちです。石落は上から石、熱湯、汚物を落とし、上に上がれないようにします。鼠返しは、槍の先のような鉄を張り巡らし、上に登れないようにします。ここまでで時間がなくなってしまわなくてよかったです。あと、20分あります。

宇和島城（うわじまじょう・愛媛県）

高知城（こうちじょう・高知県）

問題３にいきます。

問題４の祈禱札には慶長16（１６１１）年が記されています。築城の工事が行われた年です。祈禱札の釘穴と柱の釘穴が一致しました。この二つのことが証拠となって国宝に指定されました。

続いて問題５はお城の構造などに関する問題です。天守・御殿とも現存するお城は高知城しかありません。だから、高知城はとても貴重なのです。

今回は天守に集中していますが、お城の楽しみ方は実に多様なのです。最後に時間があったのでワークシートで見直しました（略）。

このとき、わたしも子どもたちの中に

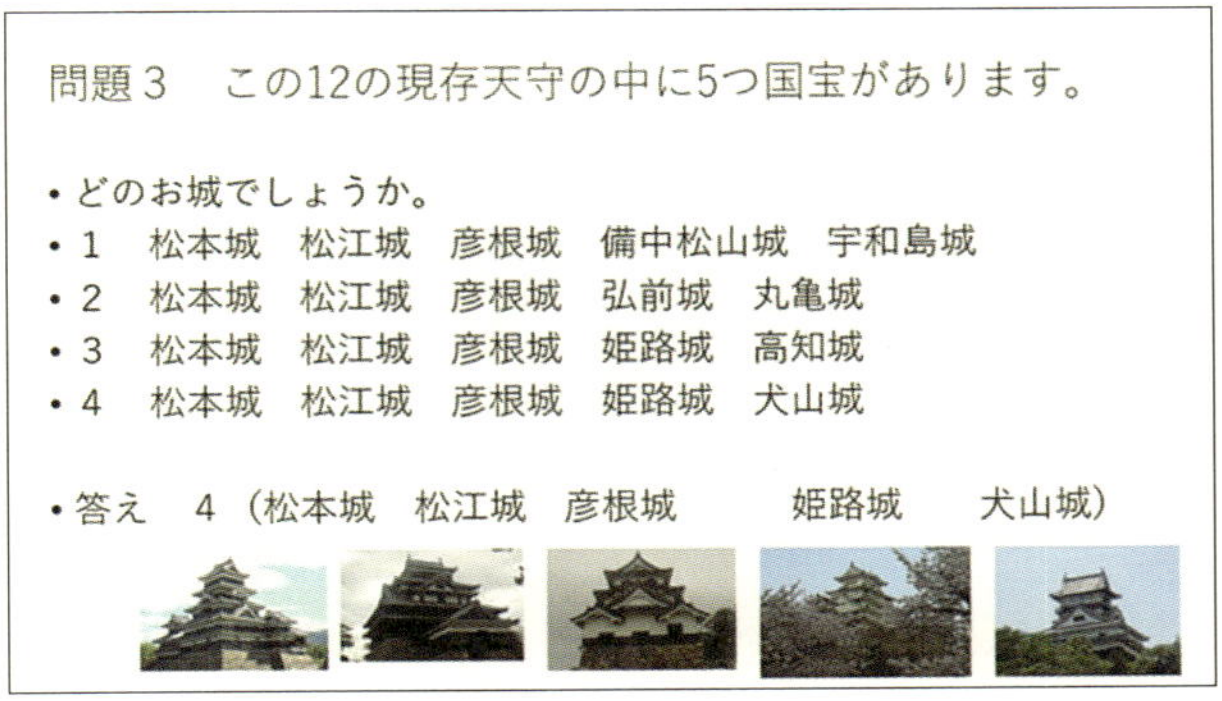
問題３　この12の現存天守の中に5つ国宝があります。
• どのお城でしょうか。
• 1　松本城　松江城　彦根城　備中松山城　宇和島城
• 2　松本城　松江城　彦根城　弘前城　丸亀城
• 3　松本城　松江城　彦根城　姫路城　高知城
• 4　松本城　松江城　彦根城　姫路城　犬山城
• 答え　4（松本城　松江城　彦根城　姫路城　犬山城）

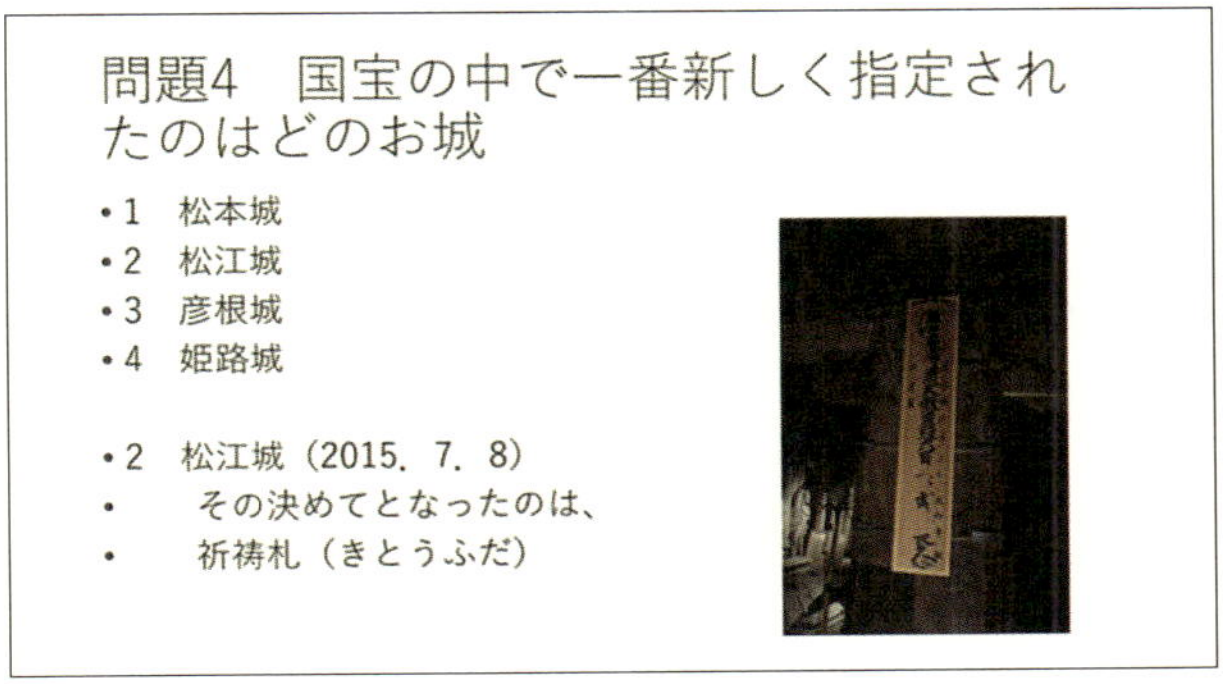
問題4　国宝の中で一番新しく指定されたのはどのお城
• 1　松本城
• 2　松江城
• 3　彦根城
• 4　姫路城
• 2　松江城（2015. 7. 8）
•　その決めてとなったのは、
•　祈祷札（きとうふだ）

問題5　お殿様（藩主）はふだんどこに住んでいたか？

- 1　天守（てんしゅ）
- 2　御殿（ごてん）
- 3　櫓（やぐら）
- 4　長屋（ながや）

- 答え　2　御殿（ごてん）

- 織田信長は天守に住んだと言われている。

高知城は天守と御殿が江戸時代のまま残っている。

お城を見るときの見方、楽しみ方

○建物
　天守
　櫓やぐら
　門
○石垣
　いろいろな積み方
○堀
　水堀
　空堀

石垣：横須賀城、門：鉢形城四脚門、
空堀：佐倉城　角馬出、櫓：江戸城伏見櫓

入って質問を受けたりしました。

「丸亀城の築城者は誰か」「おそらく、生駒？」とつぶやくわたし。

スマホで調べましたが、その時は時間がなくてはっきり答えられませんでした。生駒親正が正解です。「松山城の加藤嘉明は会津に移封された」わたしに教えてくれる子もいました。二人とも博士ちゃんレベルだと思います。ワークシートに書いたことを数人に発表してもらって授業を終えました。実際の授業で語った内容に加筆修正したことがあります。この授業をきっかけに再度授業に挑戦する機会が与えられることを願っています。

小学生と江戸城訪問

江戸城大手門近く、内堀・桔梗堀からのオススメのアングルです。左から富士見櫓、桔梗門、巽櫓です。みな現存の建物です。

さて、先日、こんな手紙を小学校5年生から

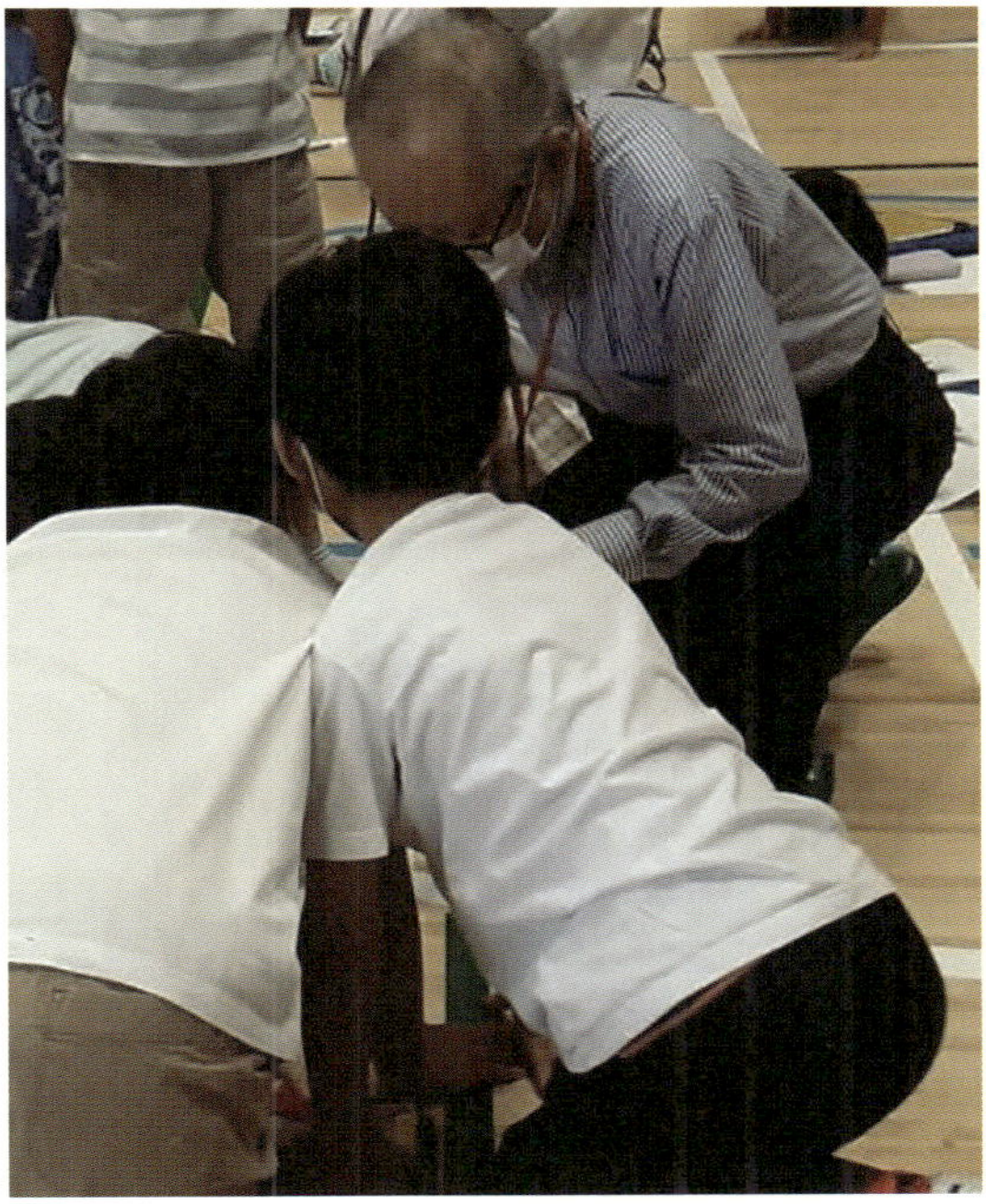

もらいました。

「先生のおかげで江戸城の知らなかったことを知ることができて、とてもうれしかったです。特におどろいたのは江戸城の天守です。第二次世界大戦で焼けてしまったのではなく、明暦の大火で焼けおちてしまったのですね。そして、天守を作り直さなかった理由がとてもいい理由で感動しました。」

以前、知人の小学校の先生の依頼を受けて小学校5年生とその保護者を江戸城に案内したのです。

また、別の子どもの手紙にも、

「江戸城のぼくがまったく知らなかったことや、面白いことがありました。天守が再建されない理由は、たんじゅんにお金がなかっただけだと、思っていましたが、やさしい理由があったことを初めて知りました。」

天守台を見ながら、

■加賀前田家がこの天守台を再建したこと

江戸城のカメラ　オススメアングル

■白い石（花崗岩）は瀬戸内海から取り寄せたこと
■保科正之（将軍家光の弟）が天守を建てるより江戸市中の復興を優先させることを主張して、その意見が通ったこと
■今、見てきた富士見櫓（後述）を代用天守として使用したこと

などを説明しました。

子どもの心に保科正之の話が響いたことがわかります。お城について初心者（子ども）を案内するときはこのような感動的なエピソードが大切だとこの手紙を読んで思いました。

当日の主な活動について紹介しましょう。大手門の前、大手門橋です。ここからスタートです。

ここがお殿様の出入り口であること、高麗門と渡櫓門があること、下馬させられた者がいることなど説明

江戸城天守台

します。そして、高麗門をくぐります。塀と雁木（階段）と狭間（銃眼）が見えます。

塀と二つの門、石垣に囲まれた空間、桝形（四角い空間）ができます。石垣には鏡石（大きな石）がはめ込まれています。大坂城の畳36畳分の蛸石は有名です。鏡石を見る者（徳川以外のお殿様）に権力を見せつけ「逆ら

大手門

塀と雁木（階段）

高麗門

渡櫓門

えない」とわからせるためにあると一般的には説明されています。

今回、調べてみますと、鏡は光を反射するところから、悪霊を撃退すると信じられ、虎口、桝形、通路など敵の侵入路に設けるという説明もありました。

桝形に入った者は、櫓の窓、狭間などから攻撃を受けて命の危機にさらされます。このことを実感させた後、子どもたちに、

「これから、この門を入ってから出口（平川門）を出るまで、どのくらい命を失われるような場面に出会うでしょう」と問いかけました。このような具体的な問いかけが子どもたちには受け入れられるように感じました。

先に進みます。下乗門跡です。その先右側には、同心番所が見えます。尾張、紀伊、水戸の御三家のお殿様以外はここで、馬から下りて、本丸の御殿まで徒歩で行かなければなりません。お供の人はここでご主人が戻ってくるまで待っていたのです。待っている者同士が、いろ

下乗門跡

いろなことをうわさしたり、評判を立てたりしたことから、下馬評という言葉ができたということです。

この門をくぐって中に入った人は同心番所、百人番所、大番所で厳重なチェックを受けてから中に進みます。

中之門跡です。

立派な切込接の石垣です。この門の石垣を修理したとき交換した石が置いてあります。石の大きさを実感できます。

こんな大きな石をどこからどのように運んできたか、子どもたちも疑問をもったようです。中之門跡に進みます。

中之門の柱の穴があります。全部で８カ所あります。これを子どもたちに見つけてもらいました。門の下には江戸時代に作られた石畳（塼《せん》粘土を焼いて、方形、また

中之門跡

石垣に使われた石

中之門の柱の穴

は長方形の板あるいは煉瓦形にしたもの）が敷かれています。ここから上り坂になります。江戸城が平地でないことをここで実感できます。

中雀門跡につきます。左右の石垣はボロボロになっていて驚かされます。

稲妻状の裂け目、円形の割れ目、人面に変形し、真っ黒に焼けています。文久３（１８６３）年本丸御殿が焼けたときの類焼した痕と考えられ、１６０年経過した今に火災のすさまじさを伝えるものになっています。

いよいよ本丸到着。その広さを実感します。

富士見櫓を外から見学します。

前述した代用天守であったこと。

将軍がここから品川の海や富士山を見たこと。

八方正面の櫓と言われていること（四面に窓が開かれ、

ボロボロになった石垣

本丸跡

富士見櫓

いずれも正面であるかのように見える)。

青海波と二引両があること。

青海波（平和の願いが込められた縁起のよい模様）が屋根の妻側にあること。

そんなことを子どもたちに説明します。二引両については次のとおりです。


家康は「無地の白地」「五」を旗印にしていましたが、源氏を名乗り源氏棟梁《とうりょう》である将軍になると、足利将軍が用いていた二引両を幕紋としました。

二引両が施された城門をくぐって城内に入ることは、陣紋をくぐり陣幕の中に入ることを意味します。櫓の窓上にある上下二重の出っ張りは、二引両を表したもので、江戸城の壁面において統一装飾となっているこの二重の出っ張りを内法長押《うちのりなげし》と呼び、姫路城大天守の最上階、名古屋城天守、和歌山城天守、徳川大坂城、二条城の城門と櫓にも見られます。

（萩原さちこ『江戸城の全貌』１６５〜１６６頁）

二引両

青海波

■富士見多聞見学

その日唯一、江戸時代の建物の内部を見学しました。

■寛永天守30分の1の模型の見学

天守台が近くに見えますのでこの天守があそこにあったと想像することができます。

■天守台跡見学（174〜175頁）

梅林坂を経由。

■平川門

ここは不浄の門と言われました。

罪を犯した人や死人を外に出すために使われました。忠臣蔵の浅野内匠頭はここから出された一人です。大奥に勤めている人の出入り口でもありました。渡櫓門と二つの高麗門があり山里門が不浄の門と言われていましたが、ここからは舟で外部には出られないようです。発見された図面「享保年間江戸絵図」によると、平川門桝形

富士見多聞内部

江戸城寛永天守30分の１の模型

梅林坂

平川門渡櫓門

高麗門

石垣に階段（雁木）がついていて大手濠を経由して、外に出られるといいます。よって、平川門全体を不浄門というのではないかと、西ヶ谷恭弘氏は『江戸城　その全容と歴史』（90頁）で述べています。

平川門桝形内には石狭間が付いています。

石垣の上端の石に狭間を彫り上部に土塀や櫓を載せたものです。

土塀に開けた一般の狭間と同じく城内側を広くして射程距離を広げる設計で、外側から見たときにはほとんど狭間の位置がわからないという利点があります。

平川橋の上から目を凝らすとそれがわかります。

現存は大坂城大手門、岡山城月見櫓脇にしか見られない貴重な遺構です。

平川橋にはすべての欄干に慶長か寛永の擬宝珠が付いています。和田倉門前橋、西の丸大手門前の各橋にあった擬宝珠を移したものです。

高麗門・山里門

石狭間内部（ここから雁木に上って鉄砲を構えます）

石狭間外部（外からは狭間が大きく見えません）

最後にパレスサイドビルの屋上に上り、平川門の桝形全体を見通すことでこのお城めぐりを終了します。およそ、３時間の行程でした。

冒頭紹介した手紙の中に「今日江戸城を見て、いろいろ聞いて歴史に興味をもちはじめました。昔のものなのによく考えられていると思いました。今のように、最新の技術とかないかわりに頭をよく使い、考えたんだろうと思いました。帰りに母と話し、大河ドラマを見ることにしました。」と書いてくれた子がいました。ちょうどこの頃、大河ドラマ『どうする家康』が始まりました。江戸城を今のように作ったのは家康からです。ドラマの中にも江戸城が登場しました。岡崎城、浜松城、駿府城と家康が関わった城には家康の銅像がありますが、江戸城にはありません。これは七不思議の一つと言ってもよいかもしれません。天守を再建するという動きもあるようですが、わたしは反対です。住民の生活を大事に考えた保科正之に思いをはせ、今のように天守台を眺めることがよいと思えるからで

す。

小学生とその保護者を小田原城へ

わたしが小学校の教員をしていた時の教え子が学習塾（幼児教室）を経営しています。２０２３年４月に学習塾のアトラクションとして、お城の話を小学校の低・中学年にしてほしいとの依頼を受け、現存12天守の話をパワーポイントを使ってしました（１６１～１７２頁参照）。参加者から、実際にお城に見学に行きたいという要望がありました。

小学生の低・中学年が初めてお城を見に行く。やはり、初心者には、**天守（天守閣）があるお城らしいお城がいい。**

東京近郊で天守のあるお城。

どこにあると思いますか。

ありました。ありました。

小田原城です。

ということで、12月17日(日)小田原城に行きました。これはその報告です。参加者は1年生から4年生までの小学生11名と保護者12名、そして、教え子とわたしです。

小田原駅に現地集合。

小学校の低・中学年が対象ですから、具体的な物や映像で迫ることが大切です。お城に行くには小田原駅の東口を出るのですが今回は西口を出ます。

北条早雲（宗瑞）公の銅像があるからです。小田原北条氏の初代です。どうしても記憶に留めておきたい人です。遠目から見たのですが、もう少し像に近づいて早雲公の近くにどんな動物がいるか、角に何が付いているか見るように指示します。

牛の角に松明が付いています。いわゆる「火牛《かぎゅう》の計《けい》」を表しています。早雲公は小田原城を攻め

るとき夜陰に紛れて千頭の牛の角に松明をつけて迫ったと言われています。同様のことを木曽義仲が倶利伽羅峠で用いたと言われていることからどちらも、後世の創作ではないかという説が強いそうです。早雲公の場合、単なる創作ではなく、押し寄せる津波の影響を牛に仮託したものであるという考え方もあるそうです。津波被災による混乱に乗じて早雲公が小田原に進出したという解釈だそうですが、まだ、慎重な検討が必要とのことです（佐々木健策『戦国期小田原城の正体』29～30頁吉川弘文館参照）。

そして、小田原駅東口に戻りこの天守の遠景に出会わせます。

この日目指すのは天守（天守閣）です。天守に向かい歩きはじめます。

目指す天守

案内図で経路を示します。

この経路赤点に従って進むことを知らせます。お城の見方の初歩的な話をします。お城は攻める方と守る方がいること。

今日は攻める方なので、守る方の工夫（仕掛け）をみつけましょう。

では、先に進みます。お城らしい風景が展開されてきます。隅櫓（矢倉とも書きます、物置、武器庫です）、お濠があります（敵をお城に近づけさせないため。鉄砲や弓が届かないように）。

外から行くと門が狭くなっています。なかなか中に入れないで立ち往生します。塀に開いている△や□の穴を狭間《さま》と言って、鉄砲や弓を撃つための穴です。矢や銃口でねらうことができます。立ち往生していると狭間から銃口や弓矢が仕掛けられて狙い撃ちされます。中には入ることができても四方が壁

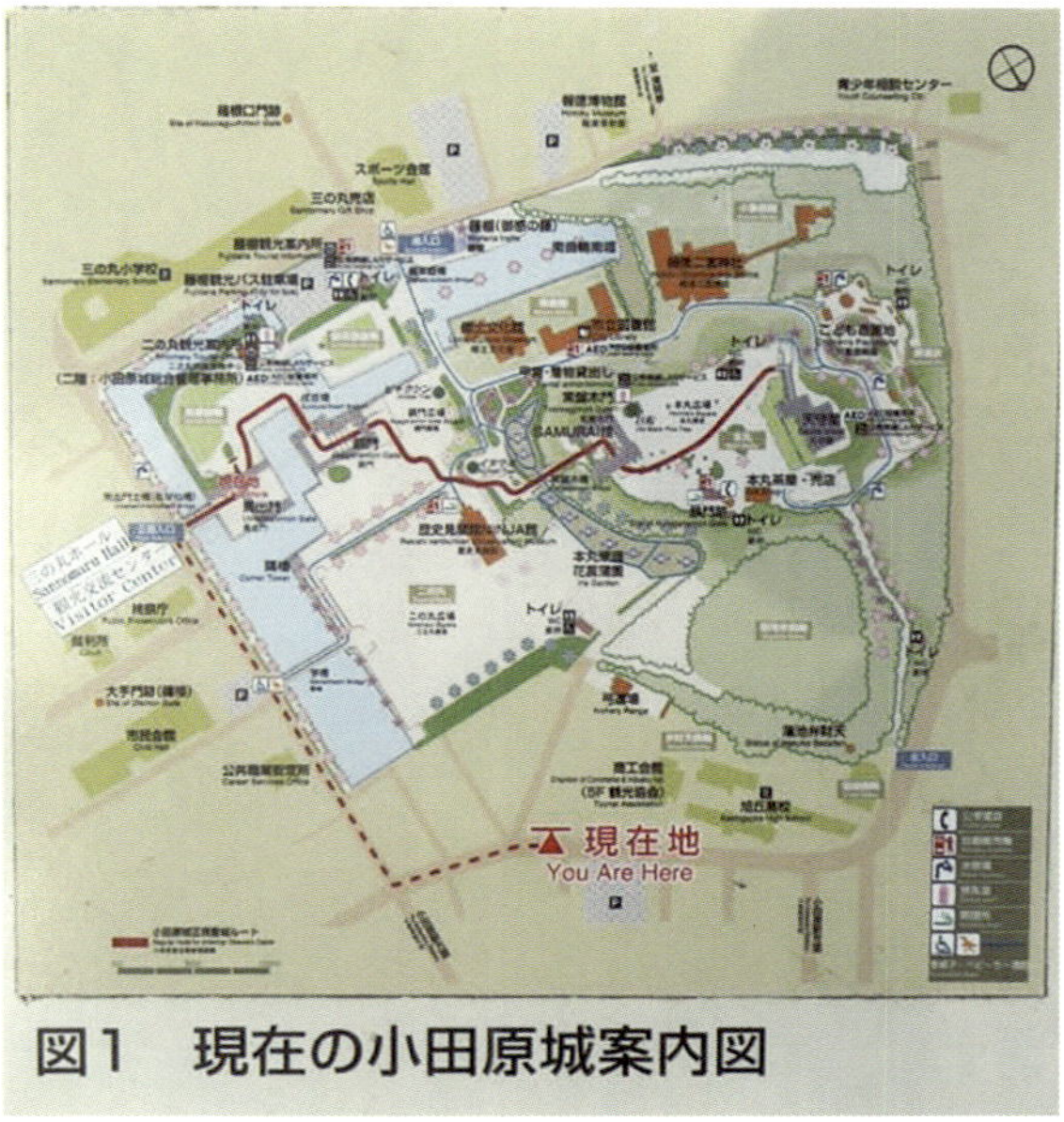

図１　現在の小田原城案内図

（狭間のある石垣、塀、門）で囲まれた空間（枡形）になっていて狭間から狙い撃ちされ命の危険にさらされます。狭い高麗門をくぐってもまっすぐ進むことはできません。ここの場合だと直角に左折させられます。そこを横から狙われます。もう一つの高麗門（内冠木門）をやっと抜けて馬屋曲輪に入りました。将軍家の馬を繋いでいたそうです（今の駐車場かな）。そこから、次に進む住吉橋と銅門《あかがねもん》（内仕切門と渡櫓門）をお濠越しに見渡します。門の中が四角い桝形になっていることがよく分かります。土塀にはお濠越しに鉄砲で狙う狭間がついているのです。

内仕切門は石垣をくりぬいて作った埋門《うずみもん》形式という大変珍しい門です。

中に入り左に曲がると渡櫓門が見えてきます。大扉などの飾り金具に銅が用いられたことから銅

隅櫓とお濠

水堀（土塀）とめがね橋

馬出門（高麗門）

門と呼ばれています。

桝形の中を通って階段が渡櫓門まで続いています。よく見てください。お城の中の階段は幅が一律ではありません。子どもたちが歩きにくくし、前進を妨害するためです。門の入り口手前の屋根に付いている石落に気付きました。

石落は屋根がくりぬいてあり、上から下に向かって石、熱湯、肥などを落としたり鉄砲を撃ったりします。当日、渡櫓門の二階を特別公開しており、石落を上から見ることができました。

渡櫓門を抜け、二の丸にでました。広い空間です。二の丸御殿があり、政治をしたり、藩主の生活の場として利用されていました。藩主（お殿様）は天守で生活しているのではなく御殿で生活しています。天守で生活していたのは織田信長だけです。

住吉橋と内仕切門

内仕切門（埋門）と住吉橋

銅門（渡櫓門）

常盤木門をくぐるといよいよ本丸です。天守も真正面に顔をだしました。

これが天守の真正面です（次頁）。真正面から天守に入ることはできません。

左に見える附櫓の真正面に回り込んで入らなければならないのです。これも攻め込まれないための工夫です。ここまでは、その都度、説明をしながらきました。天守では大勢の方が一緒になります。

天守課題を設けて親子でクイズに取り組んでもらうことにしました。

天守課題

1　情報を得るために城内のビデオを見る。

2　北条氏は何代つづいたか確認する。

3　江戸時代の城主は主に何氏と何氏か確認す

常盤木門

る。

4　虎の印判が押してある書類を確認する。

5　展望台で石垣山を確認する。

6　城内のクイズコーナーに挑戦する。

次のクイズを、親子で相談して考えてください（実際に配布したプリントにはルビがついています）。

第1問　小田原駅西口に立つ銅像の戦国武将はだれでしょう。

1徳川家康　2織田信長　3豊臣秀吉　**4北条早雲**

第2問　小田原駅東口を出た所から見える小田原城天守はいつ建てられたものでしょう。

1江戸時代　2明治時代　**3昭和時代**　4平成時代

小田原城天守

第3問　馬出門を入ったらある空間をなんと言いますか。

1虎口　**2桝形**　3大手　4搦手

第4問　馬出門と内冠木門の形をなんと言いますか。

1冠木門　2櫓門　3薬医門　**4高麗門**

第5問　住吉橋を渡った所にある内仕切門のように石垣を割って設けた門を何と言いますか。

1埋門　2薬医門　3櫓門　4大手門

第6問　渡櫓門は銅門と言われています。なぜでしょう？

1大扉などの飾り金具に銅が用いられているから

2屋根に銅が用いられているから

3窓に銅が用いられているから

4階段に銅が用いられているから

第7問　天守は何重何階でしょう。

1五重四階　2四重四階　3三重四階　4二重二階

平成の改修で**三重五階**になったのでこの中に正解はありません。

第8問　小田原城天守は、次のどれとかかわりが深いですか？

1徳川15代　2足利15代　**3北条5代**　4豊臣2代

第9問　藩主が民にお触れを出すとき使った動物の頭の印は何でしょう。

虎の印判のレプリカ

第10問　小田原藩が目指した年貢（税金）は何でしょう。

1五公五民　2六公四民　3七公三民　**4四公六民**

第11問　豊臣秀吉が小田原城を攻めたときに作ったお城はなんでしょう。

1石垣山城　2江戸城　3川越城　4小机城

第12問　小田原城天守にお祭りされている神様は？

1大黒天　2天神　**3摩利支天**　4弁財天

（宿題）小田原城の見学で学んだことから、お城検定の問題を作ってみましょう。

当日、実際に答え合わせをする時間がなくなりました。正解は**太字**です。最後に一緒に行く予定

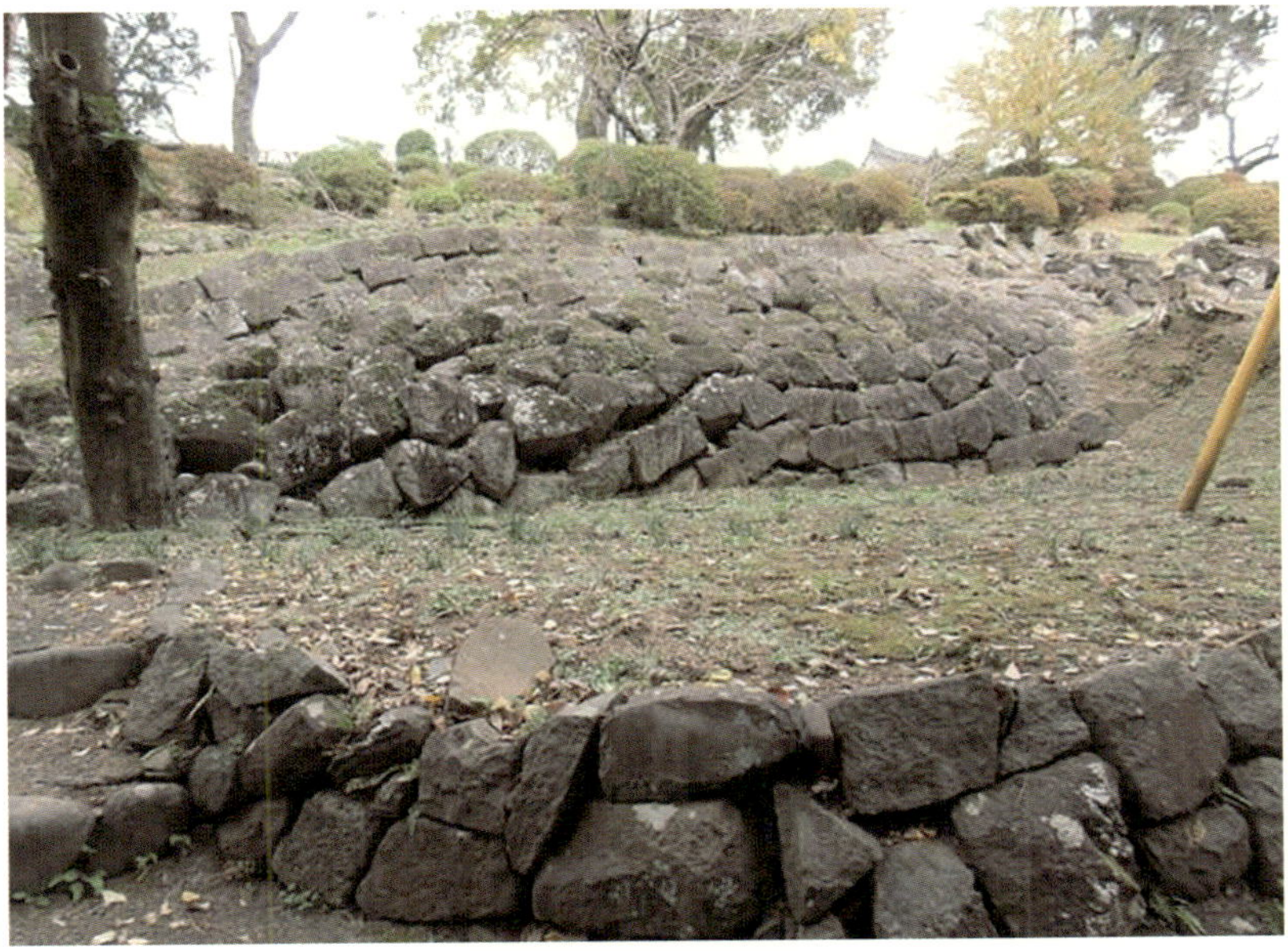

関東大震災で崩れた石垣

再興碑

だったのは関東大震災で崩れた石垣の跡です。

お城は地震の被害にいつの時代も遭遇してきました。この石垣も地震の遺構として敢えて残してあるのです。また、天守の展示の一番始めにあったのはこの石（石碑）です。

解説にはこう書いてあります。

小田原城再興碑

元禄16年（１７０３）11月22日夜の大地震により小田原城は天守をはじめ、ほとんどの建造物が倒壊・消失する壊滅的被害を受けました。この再興碑は、藩主大久保忠増による復興の経緯を伝える貴重な資料で、大正12年（１９２３）の関東大震災の際、崩落した天守台の石垣の中から発見されたものです。

実に貴重な資料です。

地震への復興はお城にとっても永遠の課題と言えるでしょう。そのことを伝える関東大震災の石垣を子どもたちにも直に感じてほしかったのです。またの機会に訪れていただければと思います。

町田市の町内会での講演

２０２３年2月19日㈰東京都町田市の町内会で講演をさせていただきました。演題は「小学生にもわかるお城の話」でした。主催者から所感をＬＩＮＥでお寄せいただきました。

『「小学生にもわかるお城の話」「お城の話で交流会」を、地元ゆかりの伊東冨士雄先生をお招きして開催しました（＊かつてわたしは町田市教育委員会と玉川大学に勤務したことがあります）。

先生から「現存12天守」の授業を受け、参加者全員が「お城」にまつわる様々な思いを語り合い、笑顔で楽しい時を過ごしました。

「日本には約3万の城があるといわれている」「国宝の天守は5城ある」「天守や櫓だけがお城ではない」等々、会場からは「へー、そうなんだ！」との声が聞こえました。現存12天守は天災

一番前にいる小学生２人

や戦災に耐えて「４００年間生き延びた」ものであり、「城」は殿様だけを守るものでなく領民を守る機能を持っていたこと、などなど「お城」の深い見方を学びました。』

参加者は、小学生２人、大人（元小学生）17人でした。

写真最前列、わたしと向かい合っている２人が小学生です。このときの様子が前掲のＬＩＮＥに記述されています。

話の内容は前年９月に都内の小学校で行った授業とほぼ同様です（１６１頁参照）。

江戸時代から今まで、幾多の困難を乗り越えて生き残っている現存12天守の話をしました。今回、付け加えて、現存12天守ではありませんが、箱館戦争の戦火をくぐり抜けてきたのに昭和24年の役場の類焼で焼失した、当時国宝だった松前城の天守の話を付け加えました。

今、復元天守が載っている箱館戦争での砲弾跡が残る石垣です（82頁の写真参照）。でも、国宝に指定されていたここにあった天守は戦火に耐えたのでした。

講演後の交流会は大人だけで実施されました。参加者の皆さんの心にお城がしっかりと位置付いていることを感じました。お城は心のシンボルなのだということを実感しました。

安曇野出身の方は松本城（藩）とかかわって加助（貞享）騒動の話をされました。安曇野の子どもたちはみな学校で、加助騒動について学んでいたそうです。現在松本市が発行しているお城の副読本に貞享騒動についての記述があります。

■貞享騒動

３代目忠直のとき、大きな百姓一揆がおきました。これを貞享騒動（加助騒動）といいます。

延宝年間（１６７３～80）以後に不作が続いたにもかかわらず、財政難の藩は、領民から年貢を多くとろうとしました。これに反対する領内２８４か村のうち２７４か村の農民たちが団結して、１６８６（貞享３）年反対に立ち上がりました。しかし、わずかな日数で鎮圧されてしまい、一揆の中心となった安曇郡中萱村（安曇野市）の前の庄屋多田加助たちは処刑され、家族もろう屋に入れられました。処刑された人の中には子どももいました。のちに、これらの人たちは、農

貞享騒動

3代目忠直のとき、大きな百姓一揆がおきました。これを貞享騒動（加助騒動）といいます。

延宝年間（1673～80）以後に不作が続いたにもかかわらず、財政難の藩は、領民から年貢を多くとろうとしました。これに反対する領内284か村のうち274か村の農民たちが団結して、1686（貞享3）年反対に立ち上がりました。しかし、わずかな日数で鎮圧されてしまい、一揆の中心となった安曇郡中萱村（安曇野市）の前の庄屋多田加助たちは処刑され、家族もろう屋に入れられました。処刑された人の中には子どももいました。のちに、これらの人たちは、農民のためにつくした人としてあがめられました。

義民塚　1950（昭和25）年貞享義民顕彰会が設立され、刑場跡から出土した人骨を合わせて埋葬した義民塚がつくられました。（丸ノ内中学校の北）

出川刑場跡（松本市庄内）　松本藩の常設の刑場がありました。貞享騒動では出川の刑場で11人が処刑され、城山の勢高の刑場では安曇郡の17人が処刑されました。

かたむいた城伝説

多田加助を中心に1万人もの農民が、年貢を減らしてほしいと松本に集まってきました。あわてた武士たちは、何とかこれをおさめようと考えました。農民たちの要求をいくつか受け入れ、それを書いた紙を農民たちに示しました。多田加助をはじめ中心となった人たちは、さわぎを起こした罪ではりつけの刑にされることになりました。

加助がはりつけをされる場所には多くの人びとが集まり、念仏をとなえたり、罪を許してくれとさけんだり、最後にはみなが大声で泣き出しました。「みなのしゅう、わしはみなの年貢が減らされるのだから、安心して死んでいく。さらば。」と、加助がいうと、人びとの中から「残念ながら、約束の書かれた紙は、おぬしがろうやに入れられた日に役人に取り上げられた。」とおしえる声があがりました。加助は「2斗5升、2斗5升、2斗5升…。」と怒りに満ちた声でさけぶと、血ばしった目で天守をぐっとにらみつけました。その瞬間、恐ろしい地ひびきとともに天守が西にかたむいたのです。

実際に明治30年代に天守の傾きを直す工事をしています。しかしこれは、天守台の中の支持柱がくさり、かたむいてしまったのです。かたむいた城伝説は、明治になってつくられたものです。

民のためにつくした人としてあがめられました。

■かたむいた城伝説

多田加助を中心に1万人もの農民が、年貢を減らしてほしいと松本に集まってきました。あわてた武士たちは、何とかこれをおさめようと考えました。農民たちの要求をいくつか受け入れ、それを書いた紙を農民たちに示しました。多田加助をはじめ中心となった人たちは、さわぎを起こした罪ではりつけの刑にされることになりました。

加助がはりつけをされる場所には多くの人びとが集まり、念仏をとなえたり、罪を許してくれとさけんだり、最後にはみなが大声で泣き出しました。「みなのしゅう、わしはみなの年貢が減らされるのだから、安心して死んでいく。さらば」と、加助がいうと、人びとの中から「残念ながら、約束の書かれた紙は、おぬしがろうやに入れられた日に役人に取り上げられた」とおしえる声があがりました。加助は「2斗5升、2斗5升、2斗5升……」と怒りに満ちた声でさけぶと、血ばしった目で天守をぐっとにらみつけました。その瞬間、恐ろしい地ひびきとともに天守が西にかたむいたのです。

実際に明治30年代に天守の傾きを直す工事をしています。しかしこれは、天守台の中の支持柱がくさり、かたむいてしまったのです。かたむいた城伝説は、明治になってつくられたものです。

郷土（松本藩）の歴史をお城とかかわって後世に伝えていこうとする姿勢がこの副読本の記述からうかがえます。わたしは、この副読本を入手したとき、内容についてざっと目を通しました。しかし、加助騒動の記述について、はっきりと記憶しておらず、懇談会で副読本の存在をわたしから話題にしたとき、加助騒動の記述について直接触れられなかったのは残念でした。帰宅して副読本を調べ貞享騒動の記述を発見しました。

岡山で若い頃を過ごされた方は岡山城の思い出を語ってくださいました。烏城ともいう黒いお城です。旭川を自然の濠として立っている岡山城の姿が今でも心に残っているといいます。２０２１～２０２２年の朝ドラ『カムカムエヴリバディ』に何回も登場しました。最近福山城とともにリニューアルされました。わたしも行ってみたいと思っています。

世界遺産、国宝姫路城を訪ねられた方は多いようでした。

姫路城の天守は、大天守、西小天守、乾小天守、大天守の後ろに隠れて東小天守があり、これらを渡櫓で連結しています。「口」のように中庭を囲んだ形式です。こ

岡山城

姫路城

姫路城菱の門

れを連立式天守といいます。松山城も同様な形をしています。

姫路城の楽しみ方は天守だけではありません。例えば菱の門です。二の丸入り口に位置する櫓門です。竪格子窓、華頭窓、出格子窓を配し、黒漆の格子に金箔の装飾が施された華麗な意匠です。格式のある寺院に配置されている華頭窓は、普通は天守に用いられることが多いのですが、この菱の門には華頭窓が配置されています。

お城の楽しみ方は天守や建物だけではありません。空濠、土塁、石垣などの楽しみ方もあります。町田に近くて典型的な建物があるお城は小田原城、建物がなくても空堀や土塁があり山城の雰囲気が味わえるのが小机城、なんて紹介もしました。お近くの城から訪ねてみてはと思います。小学生2人（1年生と3年生）、特に1年生には難しい話のようでしたが、3年生は最後までメモをとりながら一生懸命に聞いてくれたのが印象に残りました。彦根城のゆるキャラひこにゃん、備中松山城猫城主さんじゅーろーのような具体物があると話により興味がわきやすいことがわかりました。大人の方との懇談会はとても有意義なものでした。自分の人生と城との関わり合いが想起されていたように思います。

第５章

日本城郭検定を通してお城を学ぶ

日本城郭検定での七尾城との出会いと日本城郭検定に対する基本姿勢

２０１９年６月９日のことです。日本城郭検定準１級に水道橋にある日大法学部で取り組んでいました。問１からマークシートで解答を続け、問97にさしかかりました。「何だこれは！」読み下しのない漢文が出てきました。今まで過去問を解いてきましたが、漢文がそのまま出てきたことはありません。大学入試の国語以来です。問題は、

上杉謙信がある城を攻略した時に「霜滿軍營秋氣清数行過雁月三更越山併得能洲景莫遮遠征」の漢詩を詠んだが、その城はどれか。

①鳥越城　②増山城　③小松城　④七尾城

というものです。これを見たときに「やった」と思いました。何だかこれで試験に受かったような気がしてきたのです。たまたま前日ベッドの中で読んだ伊東潤『城を攻める　城を守る』の中にこの詩が出てきた

からです。

この詩の意味は同書によりますと、「霜は軍営に満ち、秋の気配が清々しい。真夜中の月に雁が列をなして飛ぶ。越後と越中だけでなく能登の景色も眺めることができた（三国を制したという意）。故郷の人々は、遠征のこの身を案じているだろうが、そんなことはどうでもよい。」ということだそうです。

「この漢詩は、江戸期の思想家・頼山陽が、このときの謙信の気持ちを代弁して書いたものとされるが、謙信の天を衝くばかりの意気を見事に表している。というのも当時、能登半島随一の大要害である七尾城を攻略するなど、神仏でもできないと、思われていたからである」（伊東潤『城を攻める　城を守る』１４１～１４２頁）。そのときの謙信の気持ちと、試験を受けているわたしの気持ちが同化しているように思えてならないからです。もちろん、試験には合格しました。試験場でいきなりこの漢文に出会ったのであれば、あせりを感じていたかもしれません。

■謙信が見た能洲の景

実は、わたしは試験の以前、２０１６年11月1日に七尾城を訪れ、謙信が見た能洲の景を見ています。も

ちろん、謙信もこの景色を見たということで感動したのを覚えています。

しかし、伊東潤の本に出会った後であれば、感動もより深いものになったことでしょう。

■再度、七尾城との出会い

また、七尾城には、１級の勉強の過程で次の過去問に出会いました。

石川県の七尾城には、九尺石とよばれる巨石が虎口に積まれているが、それはどの曲輪か。

①遊佐屋敷曲輪　②長盛屋敷曲輪
③温井屋敷曲輪　④調度丸曲輪

答えは③温井屋敷曲輪なのですが、九尺石を見た記憶がありません。わたしが、七尾城を訪れた時点で九

尺石のことがインプットされていなかったので、おそらく、スルーしたものと思われます。この道標の九尺石の方には行かなかったのです。

追伸。能登地震で七尾城の石垣が被害を受けたと言います。修復される日が来ることを願っています。次回、七尾城を訪れたときには①『城を攻める　城を守る』を踏まえ謙信の見た能洲の景により浸る、②九尺石を見る、を楽しみたいと思います。

九尺石については、過去問が七尾城を見る新たな視点を提供してくれたと言えます。

■ブログ執筆と検定試験の基本姿勢（スタンス）

最後に、ブログ執筆と検定試験の基本姿勢（スタンス）について、述べておきます。

平成4年秋、滋賀県立教育総合センターを指導主事会の研修で訪れました。当時、滋賀県は琵琶湖の水質汚染問題に取り組み環境教育の先進地域でした。環境

教育推進の具体的なポイントとして、県が所管するあらゆる試験（高校入試から管理職試験に至るまで）で環境教育に関する出題をするというものです。

わたしは、このことから、試験問題の中には、行政推進のためのメッセージが込められていることを学びました。

以上のことから、日本城郭検定の問題には、お城の理解を深めるための視点やメッセージが込められていると受け止めます。

このような基本姿勢で、これからもお城について語っていきます。

太閤さんの大坂で、庶民の支持を得る苦労　大坂城西の丸乾櫓

2019年11月25日、続100名城を山口県の高嶺城・大内氏館で終了し、新たな展開のスタートに選んだのは大阪でした。当時の写真をファイルから取り出してみるとコロナ禍以前の元気な大阪がありました。道頓堀でたこ焼きを、法善寺横町で夫婦善哉を食べました。このとき、その後のコロナ禍の日本の状況を想像できませんでした。本当に幸せな時でした。

なぜ、**大阪**を選んだのか？　大坂城**西の丸乾櫓**を意図的に見てみたかったからです。日本城郭検定の勉強

夫婦善哉

を通して知りました。元和６（１６２０）年に建てられた大坂城で現存する最も古い櫓のひとつです。大手口から京橋口と大坂城の二つの入り口を望むことができ、南の上町筋方面、西の高麗橋、東北の京街道を望むことができます。城の外側を監視できる最適な位置にあったのです。外からも非常に目立ち、江戸時代、大坂市中に向かう人は、高麗橋を渡って乾櫓を表面に望みつつ東へ進み、堀端近くで乾櫓を左に曲がり、京に入ったそうです。

この櫓の特色は、L字型をしていること、1階と2階の平面がいずれも同じ広さ（１８６・２３平方メートル）になっていることです。これは、いわゆる重箱櫓になっていて非常に珍しいものです。

わたしは、同類の岡山城西の丸西手櫓（次頁上）、臼杵城畳櫓（次頁下）を見たことがあります。

さて、この乾櫓について調べていたら、次のような話がありました。

大坂城西の丸乾櫓

岡山城西の丸西手櫓

臼杵城畳櫓

江戸時代初期の事、３代将軍の徳川家光が地子銀（土地にかかる税金）の免除を決定することにしました。これに先立ち幕府は、あらかじめ有力町人に「高麗橋筋にある隅櫓前」に集まるよう命じ、櫓から将軍自ら采配（軍配）をかざすので、それが地子銀免除の合図だと伝えました。「高麗橋筋にある隅櫓」とは乾櫓のことです。当日、未明から集まった町人は堀端から乾櫓を見つめました。やがて、家光は櫓から金の采配を出し、集まった町人たちは「ありがたい」と歓声をあげたといいます（大坂三郷御執立伝承記）。

大坂三郷は年間銀１７８貫９３４匁を永代免除され、大坂が天下の台所として発展する一つの要因になったと言われています。大坂三郷とは、大坂市中を南組・北組・天満組に分け、各組に惣会所が置かれ惣年寄が事務を行っていました。太閤さんの人気が絶大な大坂を徳川家が治めるためにいろいろ策を練ったことが分かる話です。家光自ら「金の采配（軍配）」をふるのを見た大坂町人はどう思ったことでしょうか。

この地子銀免除を記念して「仁政の鐘」が鋳造され時報として使われていたそうです。この鐘は大阪市中央区釣鐘町にあるそうです。

一度行ってみたいものです。

「地子銀免除と仁政の鐘」については、大坂城に行った後、資料を調べて知ったことです。わたしは、実際に現地に行った後、資料を読むことが多いので、その結果また行きたくなることが多いのです。乾櫓もそうです。乾櫓のことは１００名城めぐりをしてから知りました。この前にも2回大坂城に行ったことがありましたが、天守を見て満足していました。西の丸庭園の受付で「乾櫓を内側から見たいだけなので、ただにはならないか」と聞いたけれどだめでした。次頁の写真は乾櫓のＬ字型を内側（西の丸庭園）から見たものです。

台湾から来た学生さんにシャッターを押してもらいました。下手な英語でL字型と重箱櫓について説明しましたが、果たしてわかってもらえたでしょうか？「重要文化財　乾櫓　平成23年11月　大阪市ゆとりみどり振興局」を参考にさせていただきました。

白老陣屋

日本城郭検定の問題は城を見るための視点を提供してくれます。

「1854（安政元）年開国を選択した幕府は、翌年奥州四藩に蝦夷地分担警備を命じた。各藩は蝦夷地に陣屋を建設したが、この時仙台藩が築いた陣屋はどれか。」第17回の1級での出題です。答えは白老陣屋です。室蘭には南部藩、増毛には秋田藩、浜益には庄内藩の陣屋がありました。

白老は函館から特急で2時間40分かかります。アイヌ施設ウポポイのあるところとして最近では知られていますが、第18回では問題が少し進化しました。今まではどこの藩が何陣屋を築いたかを問うていたのですが、その守備範囲が問われました。「安政2（1855）年、幕府から白老～襟裳岬を経て国後・択捉島を含む

東蝦夷地の太平洋沿岸一帯の広大な地域の警備を命じられたのは、どの藩か。」白老から襟裳岬を経て国後・択捉島を含め蝦夷地の太平洋側の広大な地域で、選択肢は津軽藩、仙台藩、庄内藩、南部藩ですから、白老が仙台藩ですから類推し仙台藩と解答、正解でした。

このことがきっかけになり、白老に行きたくなりました。大人の休日倶楽部きっぷを利用して函館に行く機会を利用して白老まで足を延ばしました。函館発７：37（北斗３号）、白老着10：23、白老駅で降りたのはわたしたちだけ。早速、タクシーで白老陣屋に。

資料館に入らず、広い陣屋内を歩いてみることに。地図の真ん中の内陣屋（グレーの部分）の周辺を歩いてから塩竈神社の階段を上ります。堀の水が凍り、中の落ち葉が透き通って見えます。外の寒さが実感できます。このような寒さの中で暮らしていたのです。

塩竈神社が丘の上に勧進してあります。

堀の水が凍る

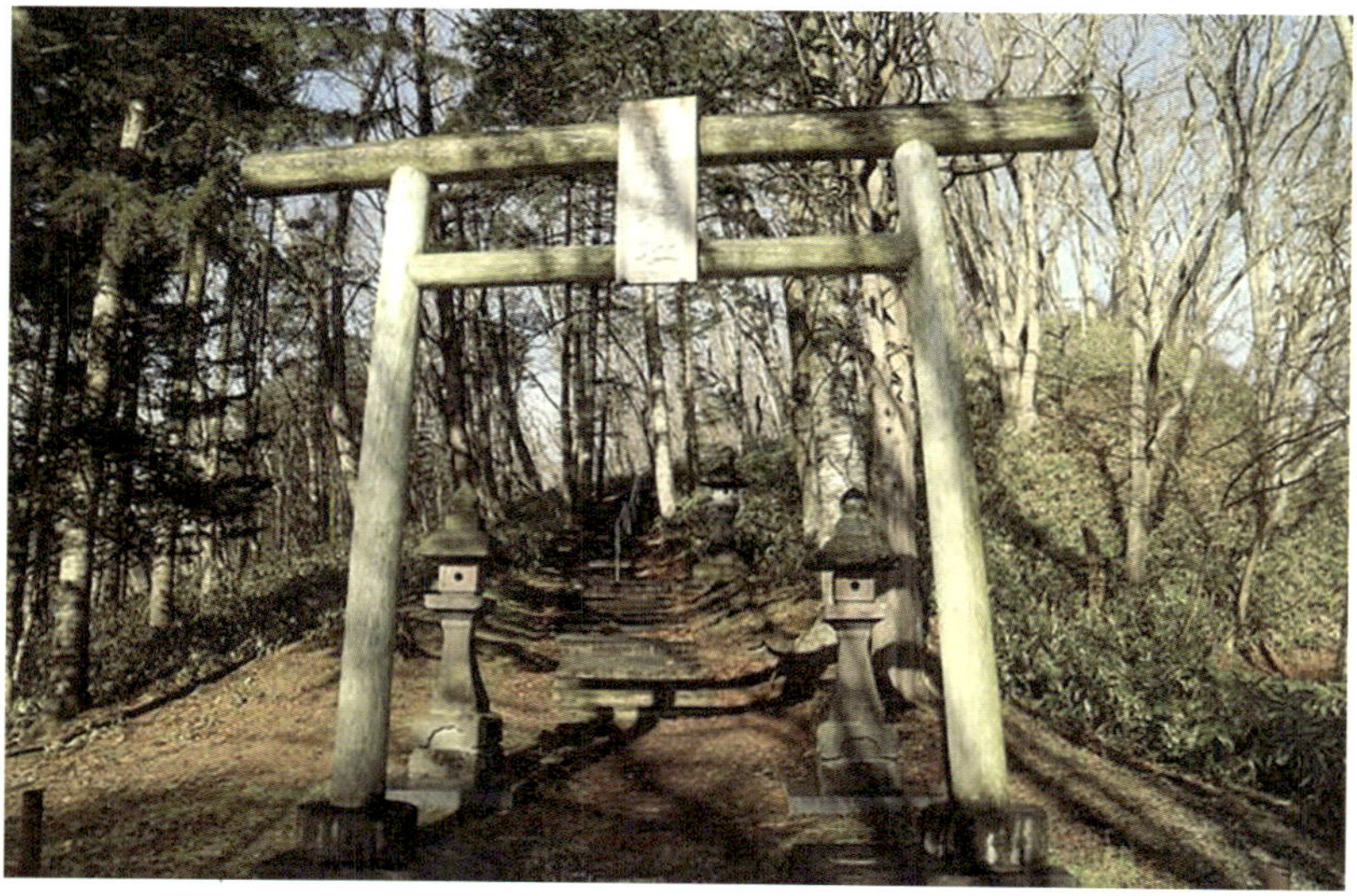

塩竈神社

故郷を偲んでここのお祭りに興じたと言います。任期は1年でした。1年の間、藩士たちはどんな暮らしをしていたのでしょう。

資料館の掲示を紹介します。まず、仙台から白老までの道中について触れておきます。

「仙台藩士一行の仙台から白老までの日数は、順調にいけば十九泊程だったが、青森での船待ち、渡海、それに風水害による滞留などが加わって、一ヶ月から一ヶ月半かかるのが普通だった。蝦夷地へ赴く藩士は、仙台の北にある堤町で藩主に見送られ、一の関、盛岡、七戸などを通って青森へ。さらに青森で百石から三百石積み程度の船を雇い、凪を待って潮の流れの激しい津軽海峡を渡っていった。箱館からは、八泊程度で白老に着く。しかし、出張陣屋勤務の藩士たちは、さらに陸路を厚岸や根室へ、また択捉《えとろふ》、国後詰《くなしりづめ》の藩士は、そこからさらに船に乗り任地へ向ったのである。」

では、いよいよ、白老が任地の藩士たちは、どのような生活をしていたのか紹介します。

「安政三年（一八五六）白老に到着した御備頭の氏家秀之進以下の仙台藩士たちは、会所を仮住いにして、元陣屋の建設を開始した。陣屋の建設には仙台から同行の大工や人夫の他、白老場所請負人の野口屋又蔵手配の土方が加わって急ピッチに進められた。一方藩士たちは、陣屋の建設中も鉄砲や大筒などの射撃訓練や月一回の修羅前（完全武装による訓練）などきびしい訓練に励んだ。」

「白老の仙台藩元陣屋には、百人を越す武士たちが駐留して、北方警備にあたっていたが、二百数十年続いた徳川の泰平に慣れた武士たちの綱紀のゆるみを引き締めて士風を鼓舞することは、蝦夷地警備の責任者、御備頭にとって最大の任務であった。毎月一回の兵学講義を始め武芸の稽古、火縄銃や大筒の撃方訓練、さらに実戦さながらの訓練を行う修羅前などを積極的に行った。武士たちの任期は警備開始当初は一年間が殆んどで、春まだ浅い四月頃着任し、翌年、次の勤務者と交替した。夏の間はともかく、慣れない蝦夷地の冬は、武士たちにとっても大変つらかったのではなかろうか。」

とても厳しい生活をしていたようですね。

陣屋の中に入ってみます。内陣屋です。

詰御門（冠木門）、土塁、堀にかかる木橋があります。そして、本陣跡、兵具蔵跡。

虎口、土橋、真正面奥に詰御門が見えます。

堀にかかる木橋と詰御門

本陣跡

兵具蔵跡

土橋と虎口

本当に広い内陣屋ですが、詰御門をくぐると外陣屋が広がっています。北の広大な土地に築かれた陣屋を堪能しました。日本城郭検定がなければ知らない城でした（２０２１年11月27日訪問）。

赤門との再会　黒井城

続日本１００名城１６３黒井城（兵庫県丹波市春日町黒井）と言われて「はあ。あのお城ね」とイメージできる方はどれだけいるでしょうか。おそらく、少ないのではないでしょうか。国宝現存天守の「姫路城、彦根城、犬山城、松江城、松本城」なら多くの方がイメージできると思います。

黒井城について、２０２０年の大河ドラマ『麒麟がくる』（明智光秀）で少し触れられていたと思います（記憶が確かでありませんが）。明智光秀が信長に命じられた丹波攻めで苦戦を強いられた城なのです。丹波の赤鬼・悪右衛門、荻野（赤井）直正の活躍で、１回目は敗退します。

俳優の赤井英和さんはその血統を今に継ぐ方です。

２回目直正が病死した後、光秀が攻略することができたのです。わたしが黒井城を訪れたのは、２０１９年８月31日のことです。大河ドラマ『麒麟がくる』の放映前です。続１００名城めぐりの一環として、出石《いずし》城（兵庫県豊岡市出石）、福知山城（京都府福知山市）、鎌刃城（滋賀県米原市番場）、八幡山城（滋賀県近江八幡市）、玄蕃尾城（福井県敦賀市刀根、滋賀県長浜市余呉町）とともに訪れました。ここで挙げた続１００名城のお城。馴染みのあるものが少ないのではありませんか。わたしがそうなのです。続１００名城のリストを初めて見たとき（２０１８年４月６日）、行ったことがあるお城は、何と11でした。前にも触れましたが１００名城だと行ったことがある城が58。知らなかったお城は、根室チャシ、箕輪城、金山城、鉢形城など10もありません。要するに続１００名城は一般的に無名の城が多いのです。

そこで、今回の本題に入ります。

黒井城との再会です。それは、２０２１年６月13日。日本城郭検定１級の問題の中なのです。白黒写真が提示され、

「登城時の中腹に写真の『赤門』があるのはどれか。
①岩尾城　②黒井城　③八上城　④八木城」

実際に行ったことがあるのは、②黒井城だけです。③八

上城は明智光秀の丹波攻めに出てくる城なので知っています。『麒麟がくる』では、登場しませんでしたが、光秀の母が処刑される場面がありました。黒井城は行ったとき門があり、休憩したことが記憶にあったので、②黒井城とマークしました。実際に、現場を知らないと解答しにくい問題です。そして、試験終了後、下の写真を携帯の中から見つけました。

赤門とは2年ぶりの再会といってよいでしょう。携帯の中で眠っていたのです。実は黒井城とは、２０２０年の11月、今回６月と別の問題で再会しているのです。

「明智光秀の丹波攻めに抵抗を続けた黒井城だが、落城後重臣の斎藤利三が入った。その後天正12（１５８４）年小牧・長久手合戦に際し、徳川家康方としてこの城に立て籠もったのはどれか。①赤松氏残党　②赤井氏残党　③荻野氏残党　④三好氏残党」

赤門

丹波の景色

正解は②赤井氏残党です。初めてこの問題に出会ったときには、赤井の赤鬼の関連だと勘で答えて正解を得ました。今回6月は、過去問ということで答えがわかっていたので正解できました。日本城郭検定は問題を通してこのような新たな知識を提供してくれます。

１００問の問題の中で同じ城について複数の問題がでることはそう多いことではありません。きっと、黒井城が出題者側で注目したい城なのかもしれません。

黒井城は保月城とも呼ばれています。この写真を見ると行ったときの晴天を思い出します。この石碑の後ろに写真撮影用の三脚が置いてあり、このように写真撮影ができるような配慮がありました。ありがとうございます。最後に、明智光秀も斎藤利三も赤井直正も見たであろう黒井城からの丹波の景色を提供します。

小諸城三の門は復元か

懐古園の額のあるお馴染みの三の門です。明和２（１７６５）年に再建された現存の櫓門です。

２０２０年７月の大雨で三の門の石垣と塀の一部が崩壊したので、災害復旧工事が行われていました。

２０２１年に行われたお城に関するイベントで次のことが問われました。

小諸城の現存の門は次のうちどれか。

①大手門と二の門　②大手門と三の門
③二の門と三の門　④一の門と二の丸西門

答えをお知らせする前にわたしがどのように考えたのかをたどっていきます。冒頭で書いたように三の門は明和２（１７６５）年に再建された現存の櫓門です。だから、答えは②か③ということになります。わたしは小諸城というより懐古園には学生の時から何回も行っています。しかし、大手門に行ったのは２０２１年４月に行ったときが初めてでした。でも、大手門について触れていません。理解が浅かったのです。

この解説を読み、最後の5行目「平成20年、江戸時代の姿に復元されました。」の「復元」が頭に残っていた程度です。わたしの頭は「大手門は復元だ」と理解してこの問題に臨みました。すると、大手門は復元なのだから現存は

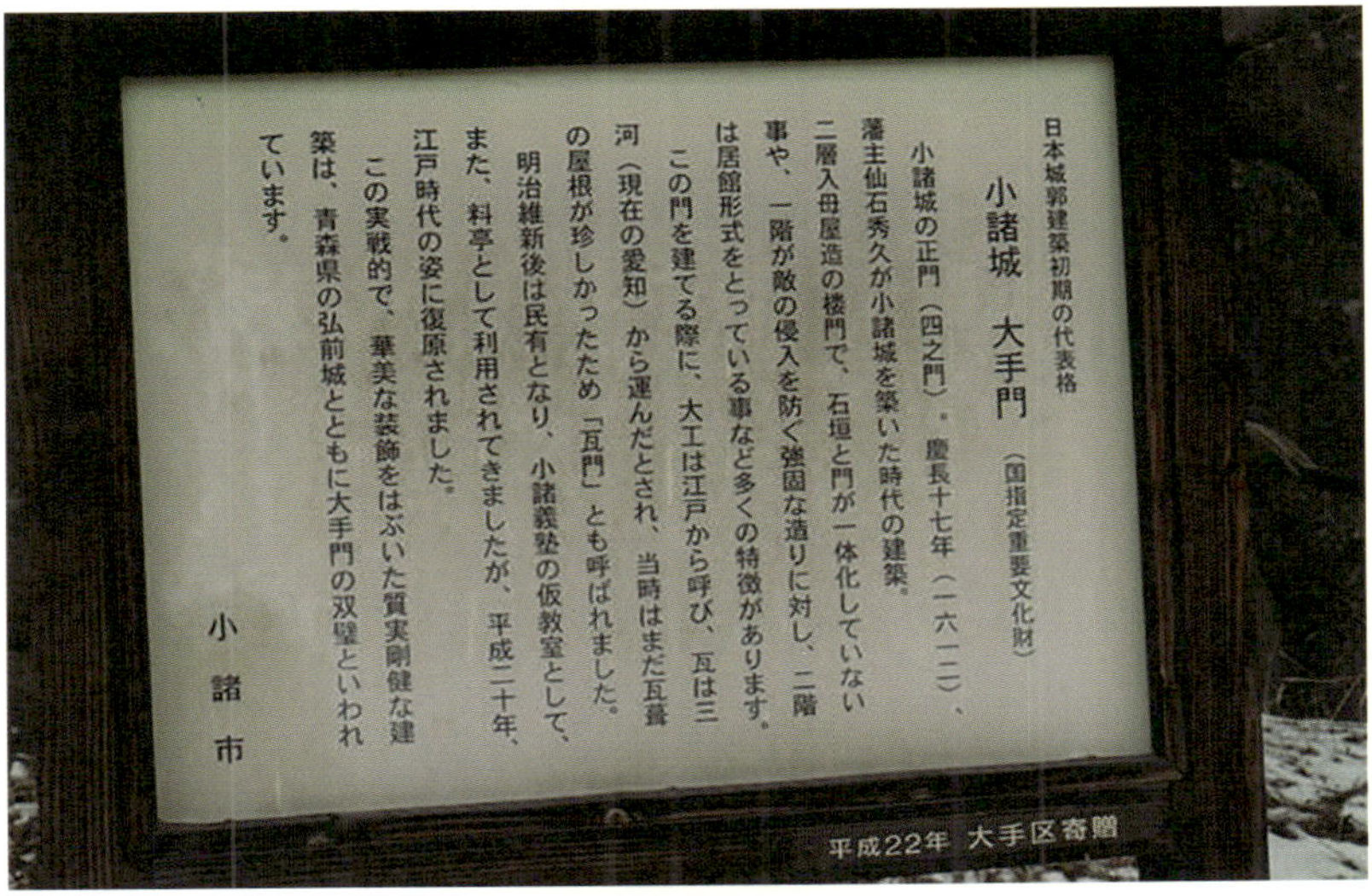
日本城郭建築初期の代表格
小諸城　大手門
（国指定重要文化財）
小諸城の正門（四之門）。慶長十七年（一六一二）、
藩主仙石秀久が小諸城を築いた時代の建築。
二層入母屋造の楼門で、石垣と門が一体化していない
事や、一階が敵の侵入を防ぐ強固な造りに対し、二階
は居館形式をとっている事など多くの特徴があります。
この門を建てる際に、大工は江戸から呼び、瓦は三
河（現在の愛知）から運んだとされ、当時はまだ瓦葺
の屋根が珍しかったため「瓦門」とも呼ばれました。
明治維新後は民有となり、小諸義塾の仮教室として、
また、料亭として利用されてきましたが、平成二十年、
江戸時代の姿に復原されました。
この実戦的で、華美な装飾をはぶいた質実剛健な建
築は、青森県の弘前城とともに大手門の双璧といわれ
ています。
小諸市
平成22年　大手区寄贈

大手門の解説

二の門

二の門ということになります。しかし、小諸城の二の門は礎石と石垣が残るだけで、現存の門なんてありません。すると、大手門が現存でなければなりません。今回、よく探してみると先程の解説（この解説そのまま健在です）とは別の場所に新しい解説がありました。

重要文化財の解説の所にこのように書かれています。

「大手門またの名を瓦門といい、小諸城主仙石秀久が築造した正門です。現存の門は、慶長17（1612）年の建立と言われています。近世初頭の大型の城門として、日本の城門発展の過程を知るうえの価値が高く重要な建物です。」

別の資料（こもろ観光局のHP）には、

「明治期には、民間に払い下げられ、料亭や小諸義塾の仮校舎として利用されていた時期もありました

大手門　別の場所解説

浅間軽石流で出来た断崖

浅間軽石流で出来た断崖

が、平成に入って小諸市に寄贈されました。平成の大改修、復元修理を経て、仙石秀久による創建当時の姿に甦っています。」

現存と言うからには何か残っていなければならないと思います。「現存」と「復元」の言葉の使い方を明確にしていく必要があります。兎に角ここでは、大手門は現存の櫓門ということにしておきましょう。問題の正解は「②大手門と三の門」ということになります。

さて、冬の小諸城を訪ねることによって地獄谷（酔月橋）、浅間軽石流で出来た断崖をはっきり目にすることができました。冬は木が枯れているので地表が見やすいのです。

そして、いつ見ても素晴らしいのは天守の石垣です。雪が被った石垣も格別です。

（2022年1月6日訪問）

天守台の石垣

写真との再会・名古屋城表二の門と盛岡城烏帽子岩 ― お城の写真との新たな出会い ―

日本城郭検定1級で昭和20（１９４５）年5月14日の名古屋空襲で焼失を免れた門が問われました。これについては、全く知識がありませんでした。

選択肢は、「①東二の門　②表二の門　③東一の門　④表一の門」です。

あの空襲を生き抜いて今、その門が存在すること自体感動ものです。発表された解答（正解）を見て、早速ネットで調べてみると、確かにその門は現存しています。写真も出ています。でも、何だか初めて見るような気がしません。ひょっとしたら、当日写した写真ファイル（ＳＤ）中にあるかもしれません。わたしは、お城に行ったとき基本的に一眼レフのデジタルカメラを使っています。そして、Facebookやブログに必要な写真だけをＳＤからコピーしてiPhoneに保存しています。このとき意図的に写したかったのは本丸御殿と西北隅櫓です。

名古屋城西北隅櫓

この写真はiPhoneにあります。

全く意識していなかった写真はiPhoneにはありません。名古屋城を訪れた2019年1月20日の写真が保存してあるSDファイルから目的の写真を探しました。

「あった!! ありました！！！」

「**表二の門（正解）**」（下）とその「解説」の写真（次頁）を見つけました。

おそらく、名古屋城で、あまり意識しないでシャッターをいくつも押したものと思われます。意図的に目指したものを撮る。その他に、目に付く物をとりあえずシャッターを押す。デジタルカメラを使うようになってから多くなりました。こうして、上記の表二の門と解説の写真と新たな出会いをすることになったのです。表二の門がわたしの記憶にとどめられることになるでしょう。それとともに無性に実際にこの目で表二の門を見たくて仕方がありません。このようにみてくると、同じような

表二の門（名古屋空襲から生き延びたのです）

写真との出会いはいくつもあります。

例えば、盛岡城にある巨石です。

２４０頁の写真は２０１６年９月１日にわたしが確かに撮ったものですが、すっかりその存在を忘れていました。あるところで他人が写したこの石の写真を見せられて写真の巨石は苗木城、岐阜城、盛岡城、金田城のどこにあるかを問われました。これもお手上げでした。正解が盛岡城と知って調べました。神社のご神体になっています。記憶が少し蘇り、ＳＤを調べ上記の写真ともう１枚を見つけ出しました。

この巨石は烏帽子岩といいます。記憶が薄れています、記憶に残っていません。しかし、シャッターを押したことの証拠が残っています。このような写真との再会も城めぐり（城郭ウオッチング）の楽しみ方の一つとしておきたいものです。

表二の門の解説

盛岡城にある巨石

盛岡城烏帽子岩

写真との新たな出会い　松江城、福知山城

前項で、名古屋城表二の門と盛岡城烏帽子岩の写真との新たな出会いについて述べました。ところが、驚いたことに、まだ、写真との新たな出会いがあったのです。

お城には、そのお城で最も有名な城主の銅像があることが多いです。この類似の写真を見せられて、写真の築城者の像は浜松城、松江城、白石城、今治城のうちどの城かを問われました。浜松城の青年時代の徳川家康、今治城の藤堂高虎の銅像は知っていましたが、これは知りませんでした。答えを知った後、また、デジタルカメラのＳＤからこの城の写真を探しました。

「あった、驚いた！」

ＳＤに収められている写真ファイルで、２０１８年11月19日付で、一番初めにこの写真（次頁）が出てきました。

松江城の堀尾吉晴公です。一番初めに出てきたということは、松江城で一番初めに撮った写真ということになります。しかし、忘れていて記憶にありません。どうしても、記憶力の衰えを実感してしまいます。

福知山城でも似たようなことがあったのです。問いはこうです。

福知山の城内にある現存建物はどれか。

①小天守　②二重隅櫓　③長屋門　④銅門番所《あかがねもんばんしょ》

正解は④銅門番所。この四つの建物について記憶がないのです。調べました。インターネットで。銅門番所の写真を見つけました。そして、福知山城に行ったときに写した写真のＳＤを調べました。あったのです、その写真が（次頁）。

福知山城の天守、その石垣の転用石についての記憶は

松江城　堀尾吉晴公

鮮明にあるのですが、現存の建物があること、それが銅門番所だということについては、全く記憶がありません。おそらく、行く以前からこれは、ぜひ見てこようという対象になっていなかったのだと思われます。予習不足なのです。一つのお城をじっくり見るのではなく、一度にいくつもめぐるときに起きがちです。

お城を訪ねたときではなく、帰ってきてから、それもかなり時間が経ってから事実を知り、行ったときのＳＤから写真があることに気付いた事例を挙げてみます。

まず、久保田城の手水鉢です。石田三成から佐竹の殿様が譲り受けたといいます。

次に、姫路城の備前門です。解説にあるとおり古墳の石棺が使われています。

銅門番所

また、彦根城の太鼓門櫓を問われる機会がありました。掛川城の太鼓櫓と勘違いしてしまいました。太鼓門櫓のことを知りませんでした。だから、解説にある「櫓門としては珍しく、その背面が開放されて**高欄付の廊下**になっています。」がわかる写真は写していません。ネットに掲載されている写真には、高欄付の廊下があります。再度、現地で確認してみたいものです。

久保田城の手水鉢

姫路城の備前門（古墳の石棺が使われている）

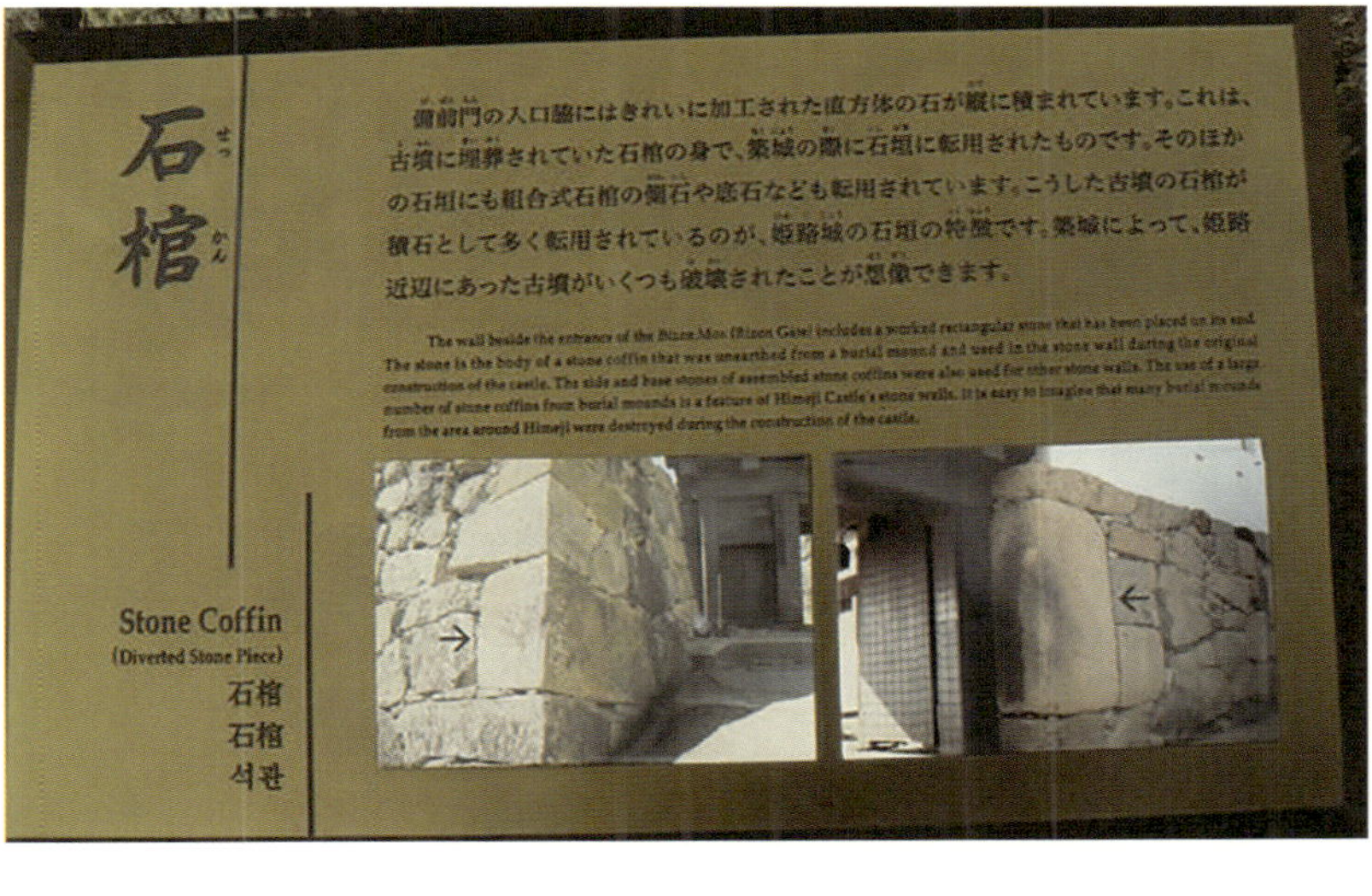

彦根城太鼓門櫓

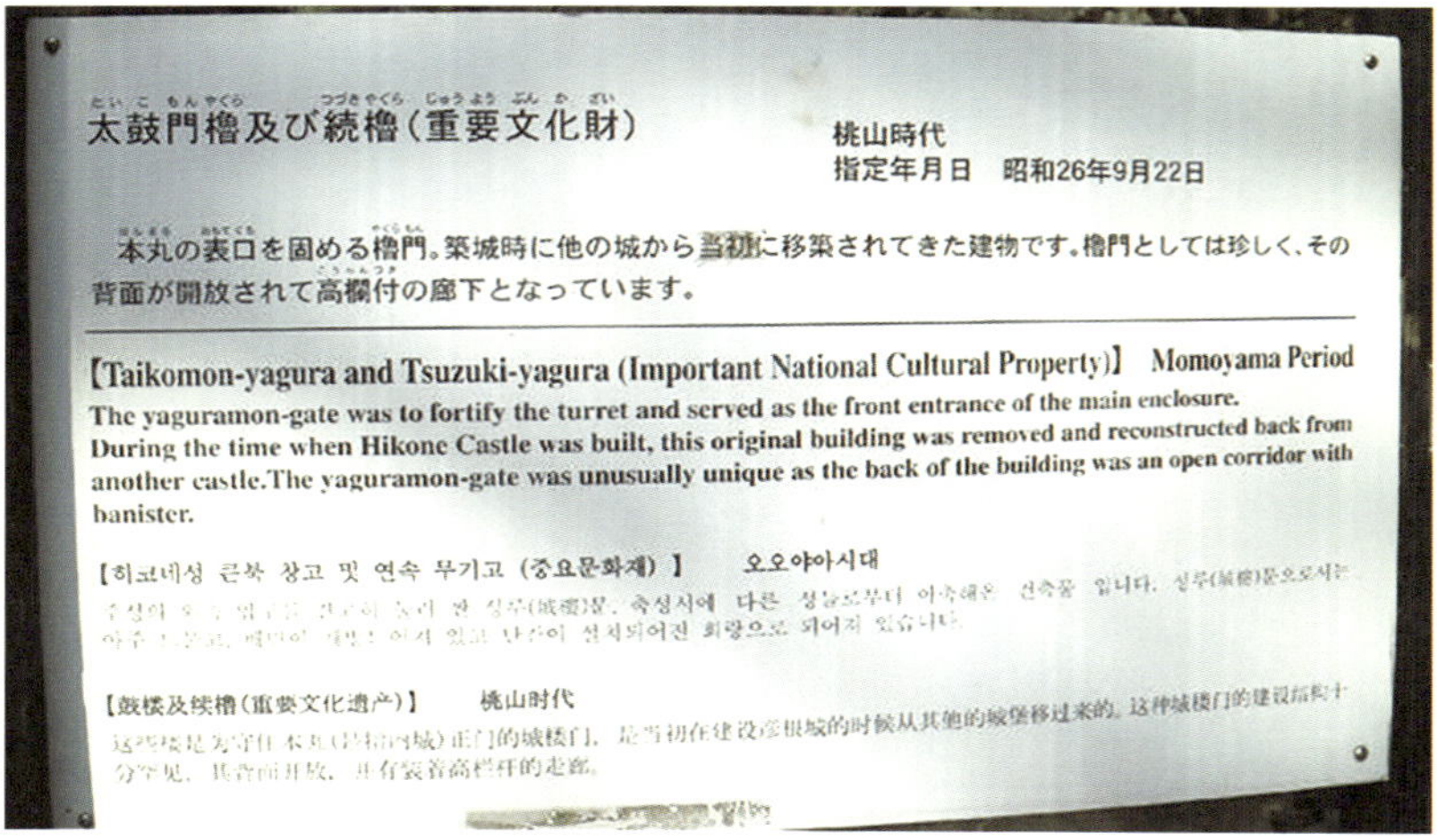
太鼓門櫓《たいこもんやぐら》及び続櫓《つづきやぐら》(重要文化財《じゅうようぶんかざい》)
桃山時代
指定年月日　昭和26年9月22日
本丸《ほんまる》の表口《おもてぐち》を固める櫓門《やぐらもん》。築城時に他の城から当初に移築されてきた建物です。櫓門としては珍しく、その背面が開放されて高欄付《こうらんつき》の廊下となっています。
【Taikomon-yagura and Tsuzuki-yagura (Important National Cultural Property)】 Momoyama Period
The yaguramon-gate was to fortify the turret and served as the front entrance of the main enclosure. During the time when Hikone Castle was built, this original building was removed and reconstructed back from another castle.The yaguramon-gate was unusually unique as the back of the building was an open corridor with banister.
【鼓楼及续橹(重要文化遗产)】 桃山时代

第６章　日本城郭検定を目指す人へ

日本城郭検定～傾向と対策～その1

■わたしと日本城郭検定

わたしは、小学校と大学の元教師です。小学校では1年から6年までの担任、社会科を中心に研究・実践。大学では、社会科教育指導法を担当していました。日本城郭検定に取り組んでみて、試験をする側から受ける側になったのです。受ける側でありながら実施する側の意図を考えたりして、面白く受験勉強をすることができました。第18回、２回目の受験で1級に合格することができました。

そこで、これらの経験を生かして、日本城郭検定に臨む方にアドバイスをお送りすることができればと思っています。

■わたしの体験から

わたしは、初めて日本城郭検定に挑戦したのは、第12回（２０１８年6月）で、3級と2級を同時に挑戦しました。２０１６年8月から日本１００名城へ本格的にスタンプを集めながら回り出して、２年近く経つ頃です（ちなみに、試験日までにスタンプを59集めました）。事前準備に勉強したのは、『日本城郭検定公式問題集日本100名城編』です。

城郭ゼミナール編　特別解説編　特別解説「お城再発見」
1　戦国の平山城　鉢形城　海野徹
2　戦国の山城　山中城　中津次郎
3　近世の山城　斯波進
4　近世の城　徳川期大坂城　中村博司
5　城を構成する要素　城の建築物
6　変遷する城と武将　長田政則
模擬問題集　正解・解説編
日本城郭検定実施概要
3級（初級）模擬問題　正解・解説
2級（中級）模擬問題　正解・解説

という構成になっています。

前半のゼミナール編は、城学入門というべき内容です。城について、体系的に学ぶ初心者のわたしには興味をそそられる内容満載でした。今、読み返してみても面白いです。

■日本城郭検定の勉強法3級、2級

さて、本題の検定試験のための勉強の仕方です。模擬問題集を繰り返し、問題と答えを暗記するくらい、何回も学習します。

ただし、日本史の知識がベースでは求められていますので、もし、不足していると思ったら、中学、高等学校の日本史教科書等で補っていきましょう（インターネットも役に立ちます）。

２０２1年の朝ドラ『おかえりモネ』では、気象予報士の勉強をしているモネが、中学校の理科の教科書で学習する場面が出てきました。これを見ていて、お城の勉強も同じだと思いました。この日本城郭検定公式問題集のよいところは、一問一問丁寧な解説が出ています。答えを丸暗記するのではなく、なぜ、その答えになるのかを理解することが必要です。そのための解説が丁寧にされています。

例えば、３級模擬問題1です。

「日本の古代遺跡のなかで、集落が堀や柵で囲まれ、見張りの櫓を備え、城のはじまりとされる環濠集落の遺跡はどれでしょう。」

①登呂遺跡　②岩宿遺跡　③吉野ヶ里遺跡　④三内丸山遺跡

解答がわかりますか。わたしは、この四つの遺跡をすべて訪ねたことがあります。答えは③の吉野ヶ里遺跡です。問題集の解説には、「環濠集落は住居群全体が空堀（濠）で囲われている集落のこと。吉野ヶ里遺跡（弥生時代・佐賀県）は国内最大級の環濠集落で、外敵を防ぐための防御施設とV字型の濠と土塁に囲まれ、物見櫓を備えていたことから、『城』の祖型遺跡といわれる。登呂遺跡（静岡県）は弥生時代後期の水田遺跡、岩宿遺跡（群馬県）は先土器、三内丸山遺跡（青森県）は縄文時代の遺跡。」とあります。3級の問題ですが、先土器時代、縄文時代、弥生時代の歴史の知識がベースになっていると言えます。また、わたしが子どもの頃、縄文時代の事例として取り上げられていた登呂遺跡が、三内丸山遺跡に置き換えられていることが、教科書を調べてみて分かりました。わたしたちの頃、ほとんどの人が知っていた登呂遺跡を若い方は、知らないのかもしれません。そんなとき、インターネットで登呂遺跡を調べてみましょう。このように、誤答についても、正解と同様、その背景を知識として理解しておきましょう。

その後、『公式日本城郭検定過去問題集―２級・３級・４級編―』（２０１９年4月2日）が発行されました。内容は過去問と解答です。

２級（第8回、第9回、第10回、第11回）
３級（第8回、第9回、第10回、第11回）

４級（第８回、第９回、第10回、第11回）
特別収録　準１級（第11回より）

この過去問題集に、１問毎の解答はあるのですが、前述の公式問題集にあるような１問毎の詳しい解説がありません。ここが問題点です。なぜ、この解答なのかを、インターネットや日本城郭協会が公式参考書として指定している『よくわかる日本の城』『お城のすべて』『知識ゼロからの日本の城入門』などの文献で調べる必要があります。自ら調べることを通して、城に関する知識が確実に身につくことは確かです。

■お城に行ってみる

しかし、なんと言っても百聞は一見に如かず。実際に、お城に行って自分の目で見て、調べることが大切です。これは、３級から１級まで必要なことです。お城を見るヒントを提供してくれるのが下のテキストです。まず、日本100名城から始めましょう。

自分の近くにある城から始めてみるとよいでしょう。わたしなら、江戸城、佐倉城、小田原城でしょうか（続100名城を含めるなら品川台場、小机城もあります）。

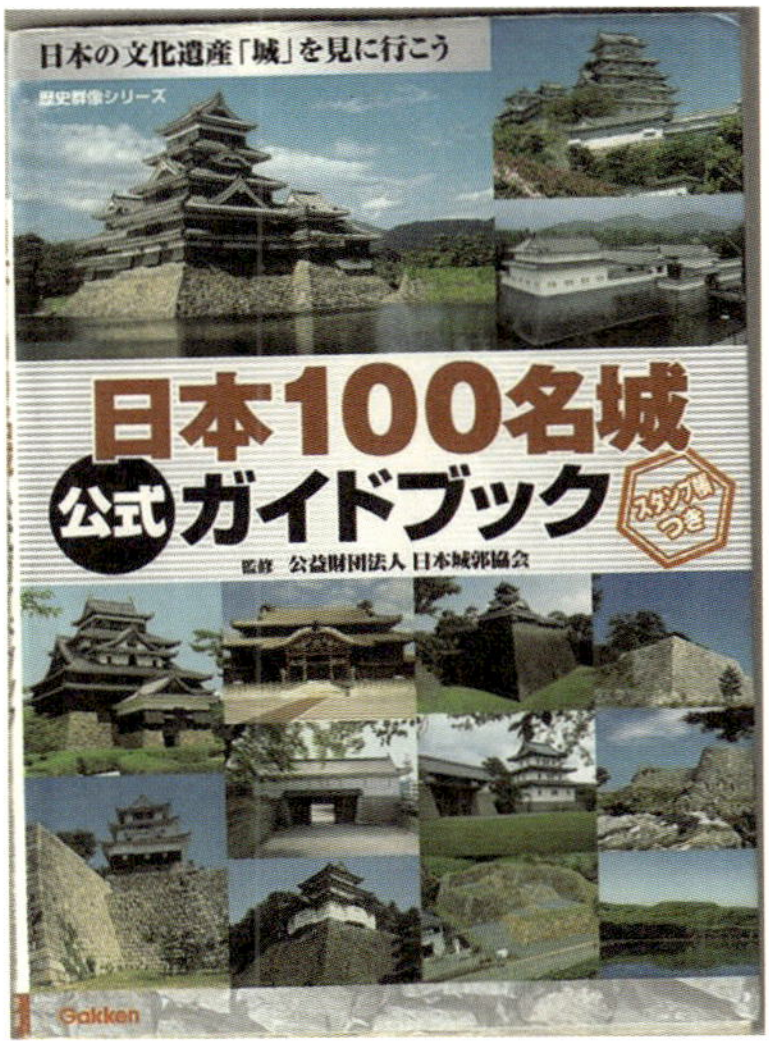

このガイドブックで、場所、最寄りの駅、スタンプの設置場所等を調べて、書かれている内容もざっと読んで、お城に行きます。そして、実際に目に入ったものを観察します。わたしは、事前にテキストを詳しく読むタイプではありません。帰ってきてから、お城で実際に撮った写真や手に入れた資料と共にこのガイドブックを改めて読んで、実際に見たものを思い浮かべて知識をまとめておきます。

■さて、準1級に挑戦される方へ

準1級については、先程の過去問題集に25問過去問が載っていますが、出版されているものは、これ以外にありません（２０２３年4月に〈公式〉日本城郭検定過去問題集改訂新版が発行され、準１級１００問、１級10問が掲載されました）。わたしは、インターネットを使って過去問を集めました。準1級の問題を第4回、第6回、第7回、第8回、過去問題集と集めました（最近の回〈17回、18回〉は城郭協会が著作権を主張するようになりましたので集めにくくなりました）。ブログに出す方も、著作権に抵触しないように工夫して問題の内容が分かるように掲載している方もいます。わたしは利用したことがありませんが、メルカリで問題文が取引されているようです。

集めた過去問で下の表を作成しました。

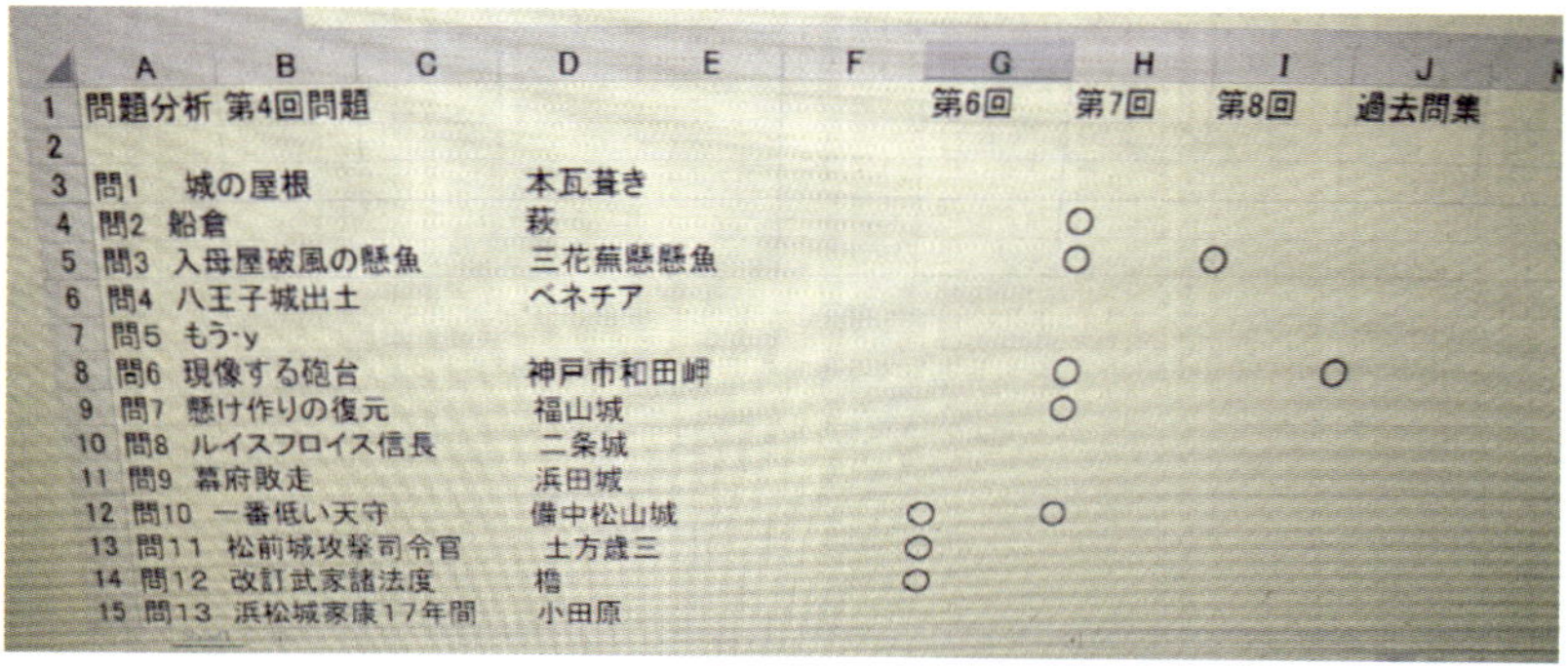

	A	B	C	D	E	F	G	H	I	J
1	問題分析 第4回問題						第6回	第7回	第8回	過去問集
2										
3	問1 城の屋根			本瓦葺き						
4	問2 船倉			萩				○		
5	問3 入母屋破風の懸魚			三花蕪懸懸魚				○	○	
6	問4 八王子城出土			ベネチア						
7	問5 もう-y									
8	問6 現像する砲台			神戸市和田岬				○		○
9	問7 懸け作りの復元			福山城				○		
10	問8 ルイスフロイス信長			二条城						
11	問9 幕府敗走			浜田城						
12	問10 一番低い天守			備中松山城			○	○		
13	問11 松前城攻撃司令官			土方歳三			○			
14	問12 改訂武家諸法度			櫓			○			
15	問13 浜松城家康17年間			小田原						

問２の船倉に関する問題は、第７回でも出題され、問３の入母屋破風の懸魚に関する問題は、第７回と８回でも出題されています。このように見ていくと出題されやすい問題がわかります。出題されやすい問題から問題文と解答を記憶していきます。もちろん、なぜ、それが正解なのかを調べていきます。その過程で多くの知識を得ることができます。これは、１級の対策にも通じることです。１級については、改めて書いてみたいと思っています。

日本城郭検定～傾向と対策～その２　忘備録より１

■今までの振り返り

日本城郭検定を目指して学習している方々を対象に傾向と対策を語ってきました。

その１では、『日本城郭検定公式問題集　日本１００名城編』を活用し、問題と答えを暗記するくらい学習する。その際、解説で、答えやその背景を理解する。誤答についても知識として理解しておく。後に発売された「過去問題集」には、答えについての解説がないので、参考書やインターネットを使って、なぜ、その答えなのかを理解する。自分で解説を作るような心がけで臨むとよい。

その２では、１過去問分析・お城、２過去問分析・重要語句、３日本城郭検定で出題された数字の３部作をパソコンで作成する。最近の城に関する情報の収集、インターネット「城びと」に掲載されているレポート、特に加藤理文さんの投稿は要注意です。

日本城郭検定過去問題分析 2023.5.4

001 根室半島チャシ跡群 オンネモトチャシ 面崖式
ヒカリヲタチャシ
ニノウチチヤシ
サツコタンチャシ

002 五稜郭（亀田御役所土塁、柳野城）入口の前後や前面に遮蔽物として土塁を構えた施設を「一文字土居」と呼ぶ。一文字土居が現存している。
見隠塁 五稜郭にある３か所の出口には土塁が設けられている。長さ４４m、幅１４m、高さ４mほどで石垣も積まれている。この土塁は郭内の様子を見えなくし敵の侵入をふせぐための土塁で**見隠塁**と呼ばれている。

城郭検定で出題された数字 2021. 6. 12

１００（１１３）	薩摩藩外城の数
８８	広島城櫓の数 ３５ 二重櫓の数
７基	松前城の砲台 長沼流軍学
１３条	安土山下町中掟書 楽市楽座
５条	貞山公御教諭 伊達政宗から秀宗へ 宇和島城
１０m	中世の山城で竪堀の幅
８００	黒船来航 全国に築かれた砲台の数
１４４	明治の廃城令で破却通達された城の数
１００m	広島城の内堀の幅
３０００	一国一城令１６１５年 以前にあった城の数
150	名護屋城陣屋の数
６基	名護屋城の天守を含めた重層櫓の数
２７０	吉田郡山城の曲輪の数 毛利輝元
	天守の移動距離

過去問分析お城重要語句 2021. 12. 27

1 草の角馬出 佐倉城に残っている馬出は、江戸時代の軍学書による分類

2 開国兵談（林子平） 品川台場、五稜郭など使用されている跳出が石垣の勾配の一つとして挙げている軍学書

3 伊達政宗 戦国大名１号と言われる伊勢宗瑞（北条早雲）に始まる北条５代の城主たちは北条家の勢力拡大維持のため、各地の有力大名と婚姻関係を築いていた。関係のない大名。
→関係あり、今川義元、徳川家康、武田信玄

4 アーチ
石垣断面中に引張り応力が発生しないように間詰め石などを介して石垣を積み上げて、土圧などを石積み断面内に集めて、**アーチという作用**で抵抗している。

5 粒度配分の良い砂質土
石垣断面は、土圧を出来るだけ小さくしないと安定しない。
土圧を小さくするには石垣背面の地盤強度が大きい地山を活用してその場所に石垣を配

■2冊の忘備録

ところで、以上のような学習を進めるに当たっては、ノートを活用しました。それが下の写真です。

２０１８年４月20日から使い出していますので、２０１８年６月10日の２・３級の試験のおよそ2カ月前ということになります。なぜ、ノートか。わたしの小学校、中学校、高校時代には、紙に書いて覚える、暗記するという学習方法をとっていました。折り込みの新聞広告の裏なども使った記憶があります。およそ、この忘備録は１００ページになります。では、初めのページに何が書かれているのでしょうか。

縄張りです。

梯郭式　弘前城　岡山城　萩城　大分府内城

輪郭式　駿府城　米沢城　高田城　山形城　二条城

連郭式　水戸城　盛岡城　彦根城　丸岡城

渦郭式　江戸城　姫路城　丸亀城

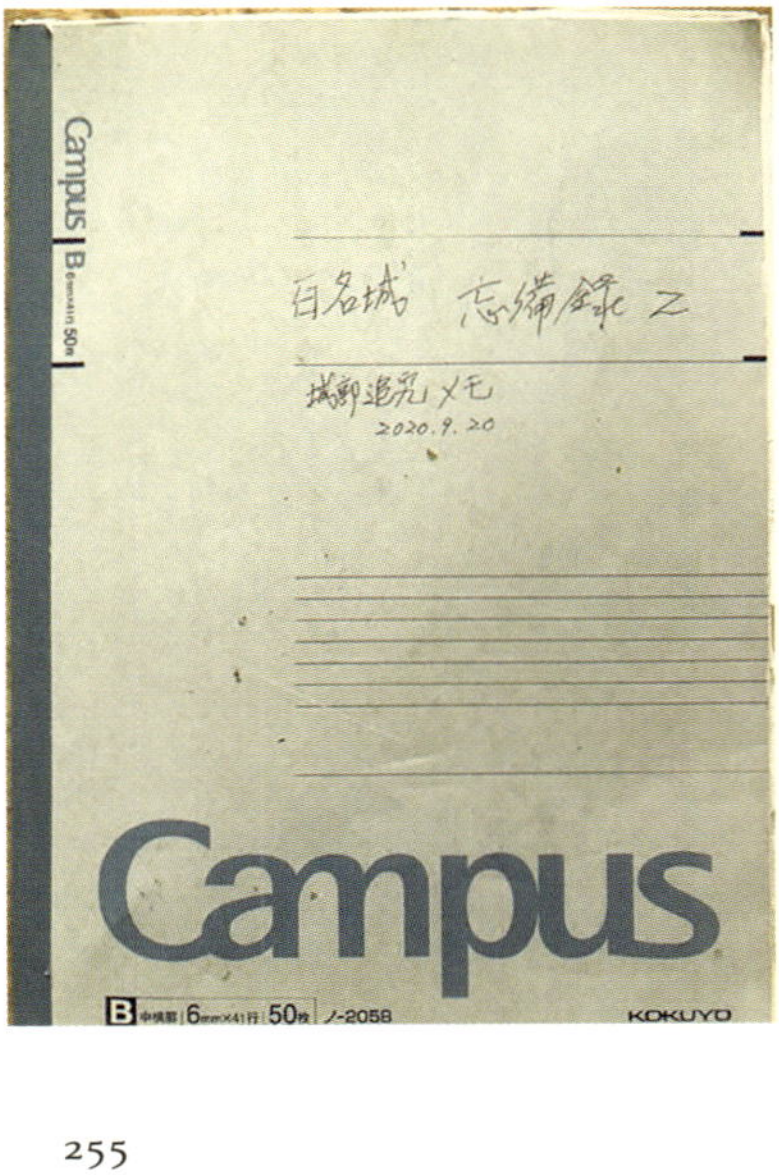

絵を書いて、どの城がどの縄張りなのか覚えようとしています。しかし、これは、なかなかこの年歳になると記憶力の衰えとの戦いです。今でも苦労しています。これから、このノートに出てくる事項について、過去問とからませながら折に触れて、述べていきたいと思っています。

次のページは、天守の形式（構成）と型です。

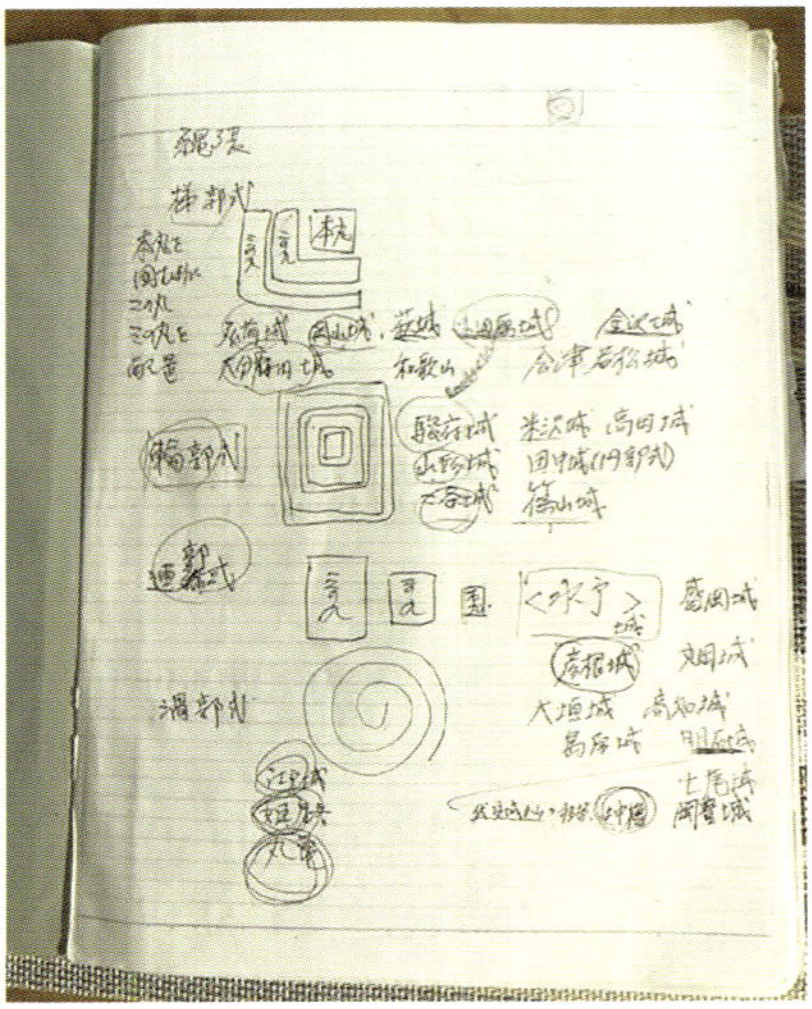

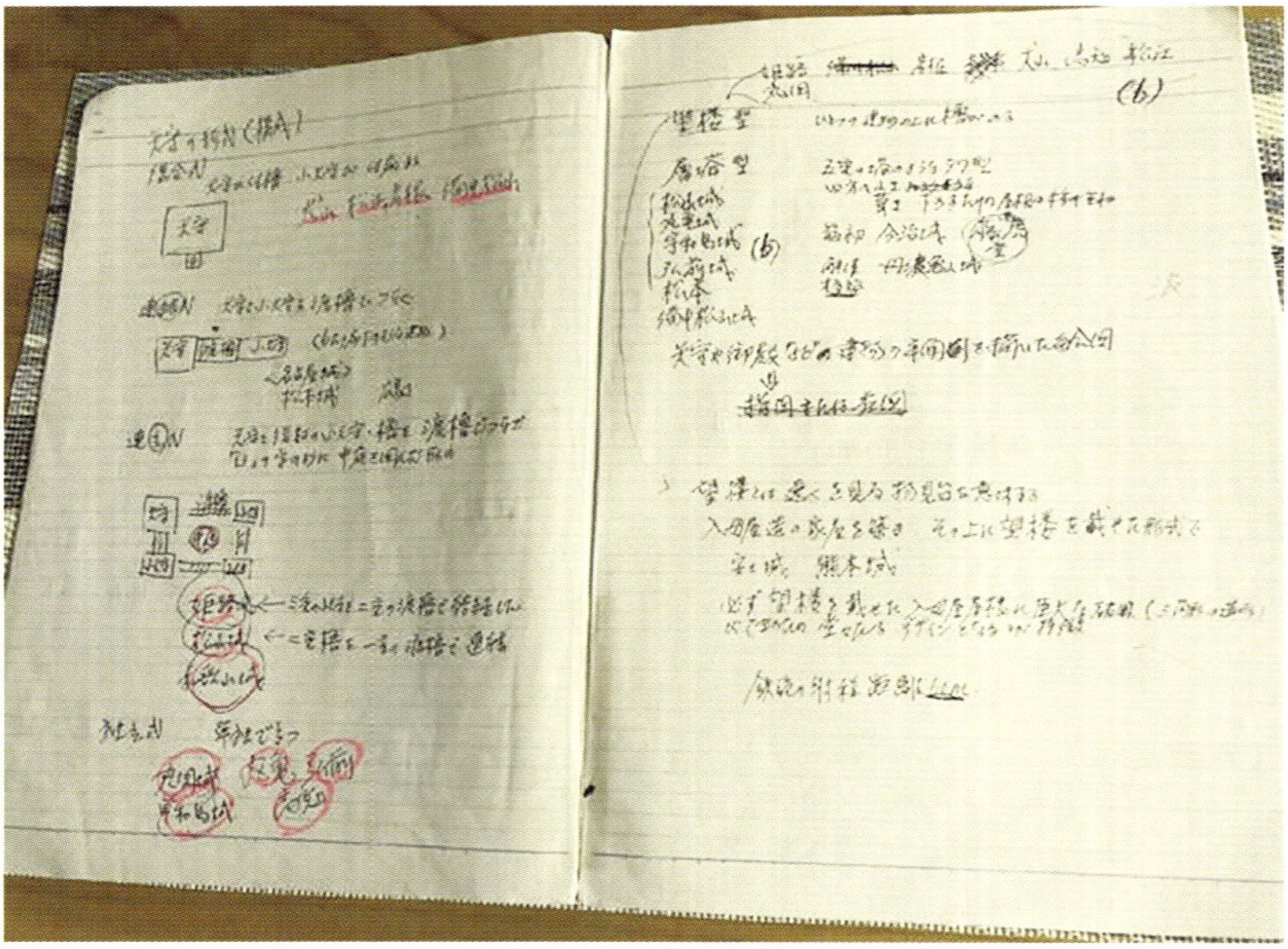

縄張りと天守の構成が頭の中でごちゃごちゃになり確信が持てないこともあります。永遠の戦いなのかもしれません。

日本城郭検定～傾向と対策～その３　忘備録より２

日本城郭検定を目指すみなさん、準備は進んでいますか。今回はわたしの失敗談です。

■思いつくままに（本当にメモ用紙代わりに）

わたしの忘備録のあるページです。

土塁の図　褶と敷

壁の作り方　荒壁　漆喰　真壁造り　大壁造り

松坂城

雑然とメモってあります。

順序性なし。

ページの空白があるところに後から全く別の内容をメモったものもあります。

ここの松坂城がそれにあたります。

松ヶ島城が松坂城となり、蒲生氏郷が城主になったことをメモしたものと思われます。

思いつくままにメモするのがわたしの流儀でこれが記憶に結びつけば最高なのですが、失敗もあります。

このメモを書いた後受けた第12回2級で次の2問が出題されました。

第12回問59　近世城郭の土塁の上辺を何と呼ぶか。

①法　②犬走り　③雁木　④褶《ひらみ》

第12回問64　近世城郭の土塁の底辺は何と呼ぶか。

①敷　②武者走り　③合坂　④馬踏

土塁の名称を事前にノートにメモしておいたにもかかわらず2問とも不正解でした。

正解は　問59　上辺は　④褶《ひらみ》

問64　下辺は　①敷《しき》

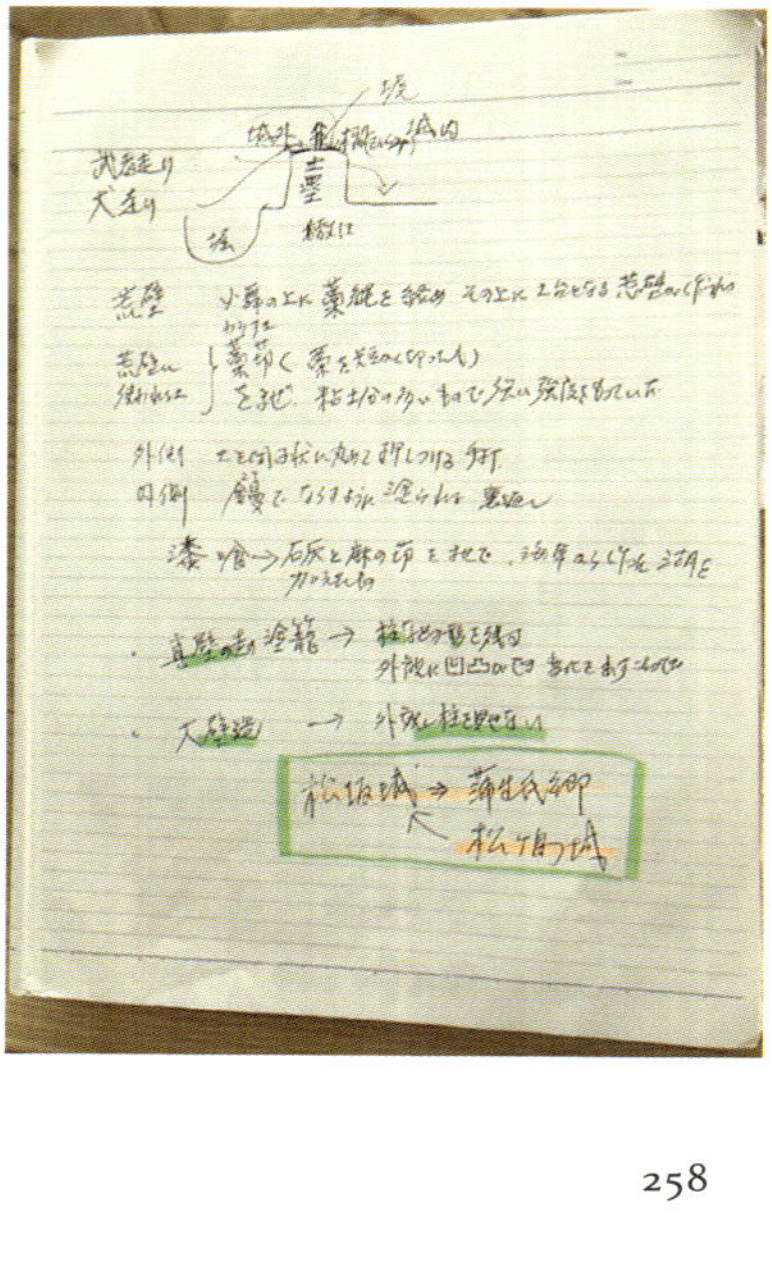

試験中にこのメモのことを全く思い出せませんでした。試験の失敗を通して、褶と敷をパーフェクトに理解することができました。人間は失敗から学びます。でも、**褶と敷**が、このノートの14ページ先にまた登場しています。

きっと、上記の1回の失敗からだけでは覚えきれなかったのでしょう。何回も何回も繰り返し、繰り返し書いて覚えようとしたのですね。

なお、上記の問題の誤答についてふれておきます。

雁木は塁上を昇り降りするための坂の石段のことです。

合坂　雁木（石段）を向かい合うように配置する場合を合坂と呼びます。

法は土塁の側面。

武者走りは城の区域内に設けられる通路状のスペースの名称（下図参照）。

馬踏みは褶と同意。

■なぜ、思いつくままにノートを書くのか

作家が作品の構想を立てるのに二つの型があるといいま

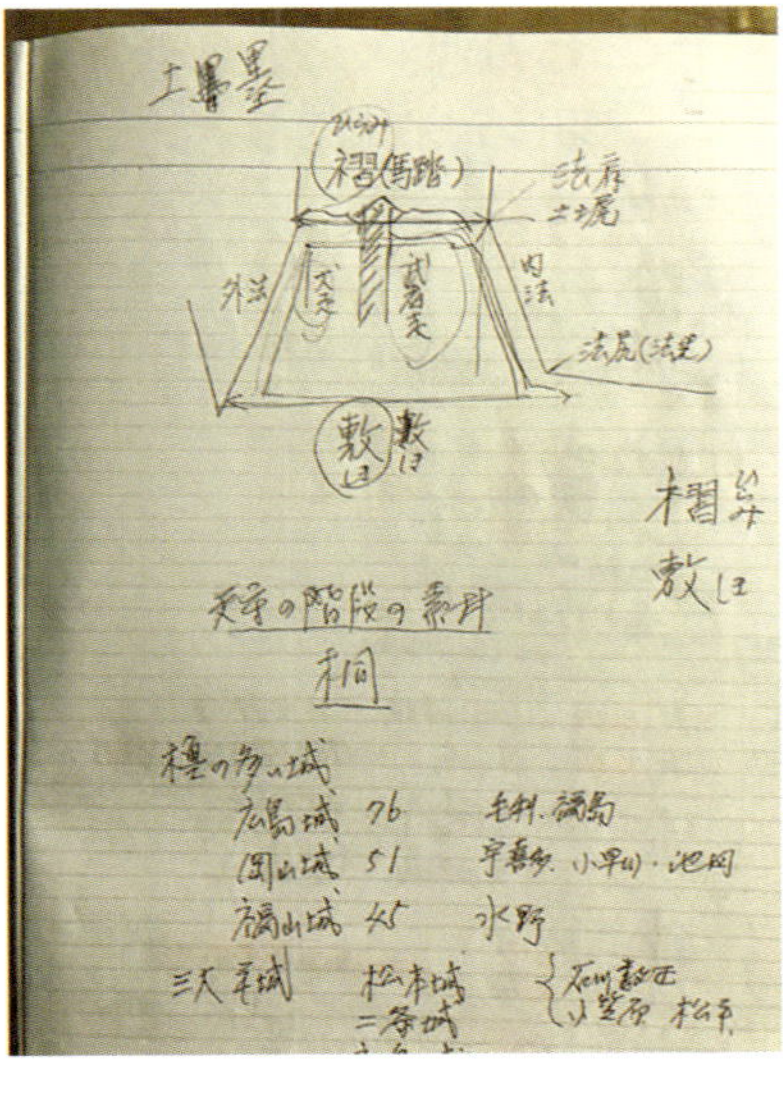

す。

内田康夫型
新田次郎型

内田康夫は思いつくまま書き出す。書きながら終末に至る。推理小説の犯人が初めから決まっていないこともあったといいます。新田次郎は緻密な構想とメモを作る。作品の初めから終末に至るまでの道筋がきちんと決まっています。

わたしは、内田康夫型です。

ワープロ、コンピュータとの出会いでわたしの執筆活動が非常に楽になったと記憶しています。お城と直接関係ありませんが、『個性を生かす一斉学習をどう進めるか―学習問題をもって追究する子どもの育成―』『子どもが動く教材をどう研究・開発するか―教材ウオッチングのすすめ―』等の著作を東洋館出版社から出すことができたのは、今はなきキャノワード（ワープロ）の

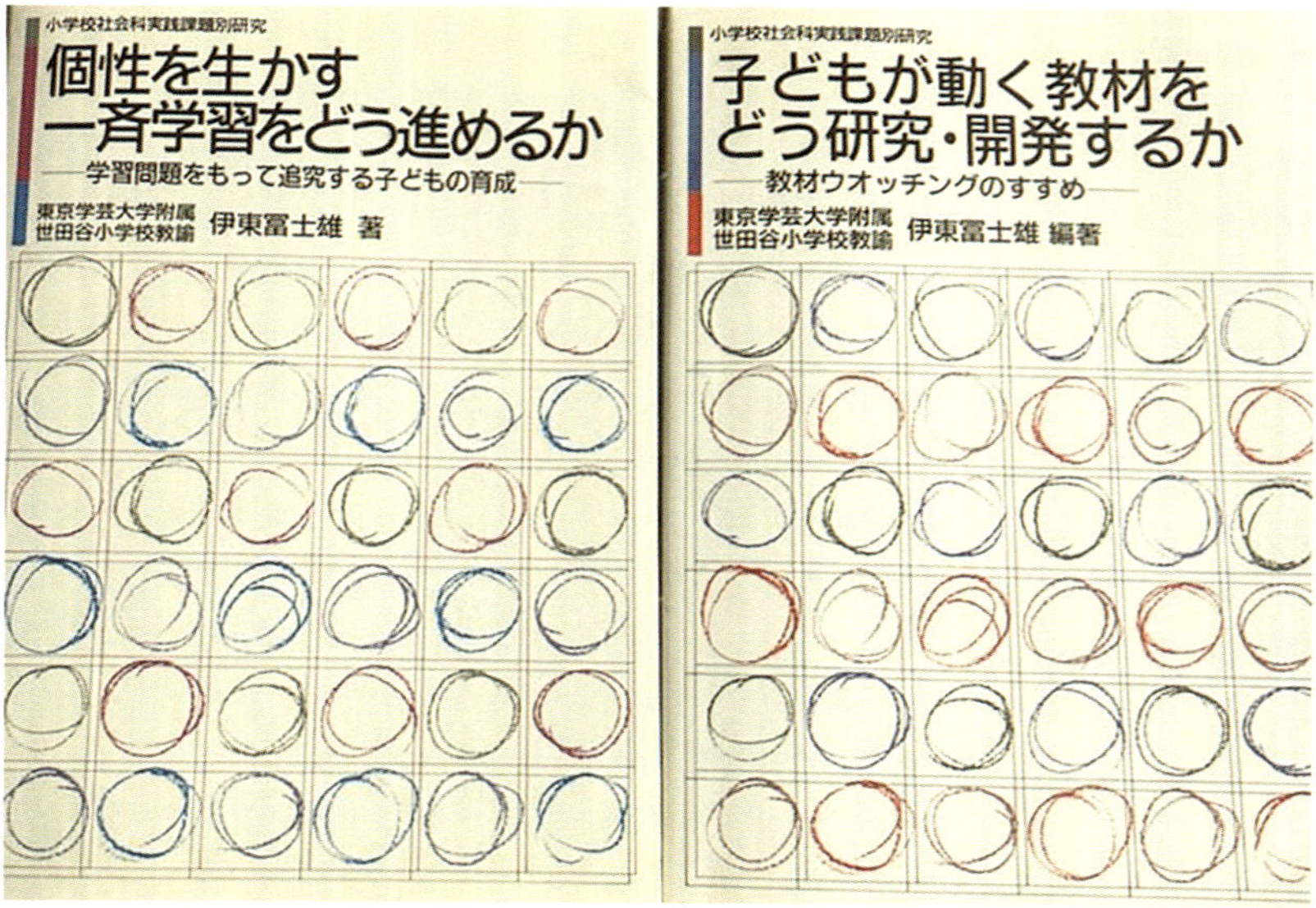

お陰です。

日本城郭検定直前対策臨時号

第18回日本城郭検定2級の問題を解いてみました（わたしは第18回で、2回目の1級を受験し、幸い合格しました）。そのわたしが全く知らないこと（事実）が2級にも出題されています。わたしが2級を受けたのは第12回ですから、それから3年がたっています。この3年間で、受験者に求められる知識もバージョンアップされているのでしょう。その一つ目が、石火矢町ふるさと村です。

第2問　『石火矢町ふるさと村』は、県指定の町並み保存地区だが、どの城の城下町か。

①備中松山城　②飫肥城　③唐沢山城　④一乗谷城

この四つの城は、どれも訪ねたことがあります。飫肥城下町が国の「重要伝統的建造物群保存地区」に指定されていることは知っていますが、石火矢町という地名を聞くのは、この問題を通して初めてです。答えは①備中松山城です。備中松山城のある高梁市のHPに『「格式高い町並みを歩くと、武士の声が聞こえてくる」臥牛山南麓に広がる備中松山城の城下町。その中で石火矢町は武家屋敷の町として営まれ、今でも格式のある門構えの武家屋敷が２５０ｍにわたって立ち並んでおり岡山県のふるさと村の指定をうけています。」とあります。

『日本100名城公式ガイドブック』（公認テキスト）にも石火矢町ふるさと村の記述はありません。謙虚に知識として石火矢町ふるさと村を受け入れるしかありません。

二つ目が「南蛮たたき塀」です。第88問の「南蛮たたき塀」もガイドブックに記述がありません。

石灰・赤土・種油などをあわせて叩きあげで築かれた「南蛮たたき塀」と呼ばれる塀がある城はどれか。

①名古屋城　②大坂城
③岩国城　④平戸城

この四つとも訪れたことがありますが、「南蛮たたき塀」には気付きませんでした。答えは①名古屋城です。現地の案内板には次

のように書かれています。

「二之丸御殿北御庭の北端の石垣の上に東西に長く伸びた練塀の遺構である。この練塀は『南蛮たたき』で固められた非常に堅固なものであり、円形の鉄砲狭間が見られる。名古屋城の遺跡としては、非常に珍しいもので貴重な文化財である。」

名古屋城に行っても二之丸の北は見ていないので、次回よく見たいと思います。

三つ目は第94問の「おかこい山」です。

敵の侵入防止と川の氾濫防止を兼ねた「おかこい山」と称する土塁の遺構が残る近世の海城はどれか。

①赤穂城　②萩城　③今治城　④中津城

答えは④中津城です。

「おかこい山」についてもテキスト『続日本１００名城公式ガイドブック』では触れてありません。

中津耶馬溪観光協会のＨＰには、

「外堀と中堀の城内側には、城下の守りを強化するため、堀を掘った土をもった『おかこい山』といわれる土塁が築かれました。細川時代には完成したと考えられていますが、その始まりは黒田時代にさかのぼる可能性があります。」

わたしは、日本城郭検定受験の学習で一番有効なのは、過去問を解き、問題文と正解を納得するまで理解することだと思っています。なぜ、それが正解なのか納得するまでテキストやHPを調べることです。でも、前に述べましたように、その学習には限界もあります。そのための最後の対策です。何級の受験であっても、問題の中には自分が知らないことが必ず出題される、ということを意識に止め、慌てず対応することです。合格を目指すなら70点を取ればよいのです。1級に合格したわたしにも上記の3問を含め14問、即座に答えられない問題がありました。60分で100問を解くのですから1問にかけられる時間は平均1・67分程度です。4択の内のどれか一つのマークをつけ、時間が余ったら後で見直すことがベターだと思います。

過去問を解くばかりでなく、学習に変化を与えたいなら、日本城郭協会公認HP「城びと——お城を知って、巡って、つながるサイト（https://shirobito.jp）」を読むことをおすすめします。特に、加藤理文さんの掲載記事は要注意です。最近の発掘についての問題は、ほとんど［理文先生のお城NEWS解説］から出題されているように思います。受験する皆さんのご健闘をお祈りします。

日本城郭検定　直後のレポート

2021年11月の第19回の日本城郭検定終了後、2級を受けた知人から問題を見せてもらいました。何と、何とわたしが直前にブログで取り上げた石火矢町ふるさと村（備中松山城）、南蛮たたき塀（名古屋城西の丸北）、おかこい山（中津城）、この３問とも今回の日本城郭検定2級で出題されていました。わたしは予想屋をしたつもりはありませんが、驚きです。もし、わたしのブログを読んでから検定を受けた方がいらっしゃったら嬉しい限りです。わたしも、やる気になります。もっとも来年になって6月の試験の前に書けばよいのかもしれませんが、わたしが今回の問題を見て、ハッとした3題を挙げてみます。「戊辰戦争で藩士ら45名で結成された『凌霜隊』が会津若松城籠城戦に参加したとして松の丸に顕彰碑がある城はどこか。①郡上八幡城　②大垣城　③白石城　④高田城」まったく、見当もつきません。お手上げです。答えは①郡上八幡城なのです。郡上八幡城へは行ったことがあるのですが、郡上八幡城の案内図をカメラのファイルから取り出してみました。天守の左側に凌霜の森と凌霜隊の碑があります。この時は見ようとする意識がなかったことがわかります。完全に見逃しです。次回の課題です。岐阜の郡上八幡から会津若松までよく行ったものです。戊辰戦争には白虎隊や二本松少年隊の他にもまだまだ私たちの知らない歴史があることが分かります。

2問目です。昔から多くの水害に見舞われ天守石垣西に「明治二十九年大洪水」という石碑が建てられている城はどこか。

①高岡城　②大垣城　③人吉城　④八代城

正解は②大垣城です。「昔から多くの水害」に気付けばいいのですが、昨年水害にあった「人吉城かな」、なんて考えてしまいました。濃尾平野、輪中の水害を指しているのです。大垣城の石垣に記しが付いているところがあるのですが、全く気がつきませんでした。これも、次回への課題です。

おまけの1問です。みなさんこの問題にどう答えますか。わたしは、正解を見て「うそー！」と言いました。文禄・慶長の役で築かれた名護屋城の周辺には全国から参陣した大名の陣屋が多数造られた。現在確認されている陣屋はいくつか。

①約80　②約100　③約130　④約150

何と、正解が、④約150となっていたのです。わたしは、てっきり約130と思っていました。早速、名護屋城博物館のHPを調べました。すると、現在150あまりが

確認されていると出ていました。詳しい経緯はわかりませんが、発掘調査が進んだのでしょう。歴史は変わります。そのことに改めて気付きました。城郭ウオッチングの課題も次々に出てきました。だから、お城めぐりは止められません。

２０２１年11月26日、名護屋城博物館にメールで、陣屋の数について照会したところ、下記のメールが届きました。発掘調査の成果の反映であることがわかりました。

「当館が名護屋城跡や陣跡の調査を引き続き行い、陣跡の踏査調査を行ってきました。また、平成24年（２０１２）～28年（２０１６）は佐賀県教育委員会が佐賀県中近世城館跡緊急分布調査として、名護屋城周辺の陣跡調査を実施しました。その結果、現在までに土塁や石塁・石垣などで構成された様々な陣跡を１５０カ所あまり確認しています。そのため当館の展覧会図録やホームページ等で陣跡数を１５０あまりと記載しているところです。」

第7章 杉渕尚さんからお城について学ぶ

杉渕尚さんからお城について学ぶ

■突然の訃報

ＬＩＮＥは２０２１（令和３）年４月３日突然舞い込みました。早朝、杉渕尚さんが亡くなったというのです。

そのとき、杉渕さんは、わたしの城仲間の一人です。

急にフラッシュバックしたシーンがあります。それは、２０１５年10月30日、広島県にある福山城です。

石段を雁木のように正面に向けるのではなく、Ｖ字に据え付けて、上りと下りを別々に使用させて緊急時の混雑を回避させるようにした合坂《あいざか》を前にして「どちらが上り、どちらが下り」と質問しました。

「答えは左側通行なのですが、武士は刀を左側に差しています。通行しやすいのは刀が外側にある方ですよね」

この場面がやけに印象に残り、10年近く経った今でもよく覚えています。それ以来、社会科教育連盟の

３・４年部会後の飲み会で杉渕さんにお城についての質問をぶつけていたように思います。そんな中で、日本１００名城についての話があります。杉渕さんはもうすでに1周しており、2周目に入っているとのことでした。わたしも、ネットから１００名城の一覧表をプリントアウトし、今まで何らかの形で訪れたことのある城をチェックしたところ、58になりました。これから、42回れば１００になる。そんな軽い気持ちから１００名城について興味をもち始めました。

■適切なアドバイス

毎年宿泊旅行をしている大学時代の友人と、大人の休日倶楽部きっぷを利用し北海道に行くことになりました。私は名簿上日本１００名城№1の根室チャシ跡群に行く計画について、杉渕さんに相談しました。「釧路まで汽車で行き、周りの風景に触れながら、そこから先は、レンタカーがよい」とのアドバイスをもらいました。おかげで、景色を見ながら宿泊した霧多布でエゾニューの花を見ることができました。わたしが学生の頃に流行ったさとう宗幸さんの『岩尾別旅情』の一節に「丘の上に咲く一輪のエゾニューの花に寄ればば」という歌詞が出てきます。しかし、花の姿形は知りませんでした。帰京して調べて、花の名前がエゾニューだとわかったときには、50年来の思いびとに会ったような気がしました。杉渕さんのアドバイスのおかげです。

エゾニューの花です。

それ以来わたしは、城めぐりの計画について杉渕さんに相談に乗ってもらうようになりました。かなり無謀な計画を立てましたが、その都度適切な指導をしていただきました。

■わたしに合わせた日程調整

杉渕さんは、社会科教育連盟の３・４年部会の会員を中心に、お城について、ＬＩＮＥで情報を交換したり、実際にお城へ出掛けたりするお城部を作りました。お城に出掛ける際に、会員の中で最年長のわたしは、日程やコースについて、優遇してもらったと思っています。

杉渕さんにわたしの希望を伝えると、それに合わせて仲間を募り、実現してもらいました。とてもありがたいことです。

こんな具合です。

２０１７年当時、東京に日本１００名城が二つありました。江戸城と八王子城です（現在は続日

エゾニューの花

本１００名城の品川台場と滝山城の二つが加わりました）。

「八王子城に行きたいんだけど、都合つきませんか」

これだけで、２０１7年7月９日に実現しました。

杉渕さんは、お城部で仲間を募り、また、八王子城の現地で地図の復元に取り組んでいる方に連絡を取り、ボランティアガイドをお願いしたりしました。猛暑日が予想されたので、前日からカチンカチンに凍らせたペットボトルを用意するおまけもつきました。


春日山城へは、こんなわたしの願いを実現するために行ったと言ってもいいでしょう。「越中おわらと直江兼続の史跡めぐりというツアーで、春日山城の石坂浩二に似ていると言われる謙信像の前まで行ったのだけれど、春日山の上まで登らないで戻ってきたんだよね」

「そうなんですか。上は日本海まで見えますよ」

そんな会話の数日後、

「10月28日に何とかなりませんか」とわたし。

それが何とかなったのです。

鮫ヶ尾城、高田城、春日山城、富山城、高岡城、増山城の豪華ツアーでした。

■情報の提供

杉渕さんが豊富な情報を提供してくれたおかげで、わたしの城めぐりはどれだけ豊かになったことでしょ

念願の春日山頂上

謙信も見た直江津

う。次は群馬県にある岩櫃城《いわびつ》です。

大河ドラマ『真田丸』を見るまでこの城のことをわたしは知りませんでした。真田昌幸が織田・武田連合軍に追われた武田勝頼を岩櫃城に招きます。

しかし、勝頼は小山田信茂を頼り岩殿城を目指しますが、裏切りにあい、天目山麓の田野で生涯を閉じます。

以前に行った時には、昌幸が勝頼を住まわせるために設けた潜龍院に行けませんでした。ある時、杉渕さんがLINEで、潜龍院の存在をお城部の会員に知らせる情報を流しました。そのおかげで、2回目に岩櫃城に行くとき、潜龍院に行くことができたのです。

また、秀吉が唐入りのために設けた名護屋城ですが、一人で行ったときには十分に理解できなかった城割（破城）の様子について説明してもらったことが、つい昨日のことのように思い出されます。2019年8月のことです。

潜龍院

名護屋城の算木積みを壊した石垣（効果的な城割）

■最初で最後の２人だけの城めぐり　2019年10月1日能島城

杉渕さんから「1日の都民の日に能島城に行くのですが一緒に行きませんか」と誘われました。能島城は、福江城（五島）、金田城（対馬）と並んで続100名城の中では行きにくい城だと言われています。前2城をクリアしているわたしには、これで続100名城達成が視野に入ってきます。もちろん即決です。このとき行ったおかげで、能島城の他にも、二ついいことがありました。

まず、これは、わたしだけの事です。岡山城西の丸西手櫓が普段入れない廃校になった小学校の校庭の中から見られたことです。重箱造りの珍しい櫓なのです。

次は２人共通の話題です。お城ではなくカブ

岡山城西の丸西手櫓

トガニです。生きた化石と言われるカブトガニの保護に取り組んだ岡山県笠岡市の高校の先生と高校生の話が国語の教材にありました。行ってみたくても交通の便が良くないので後回しになっていたのです。

能島城

いよいよ能島城に向かいます。しまなみ海道を快適にドライブし、村上海賊ミュージアムにつきました。この対岸が能島です。このときは台風被害の影響で能島には、上陸できませんでした。周辺のクルージングを、村上海賊の子孫と思しき船長の見事な操船でしました。瀬戸内海というと波が静かなイメージがありますが、このような急流があるのですね。杉渕さんから、和田竜の『村上海賊の娘』と城山三郎の『秀吉と武吉』の2冊を紹介されました。いつものように帰京してから文献研究をしました。潮の流れが急な能島城周辺への旅が、2人だけの最初で最後の旅になってしまうなんて信じられません。

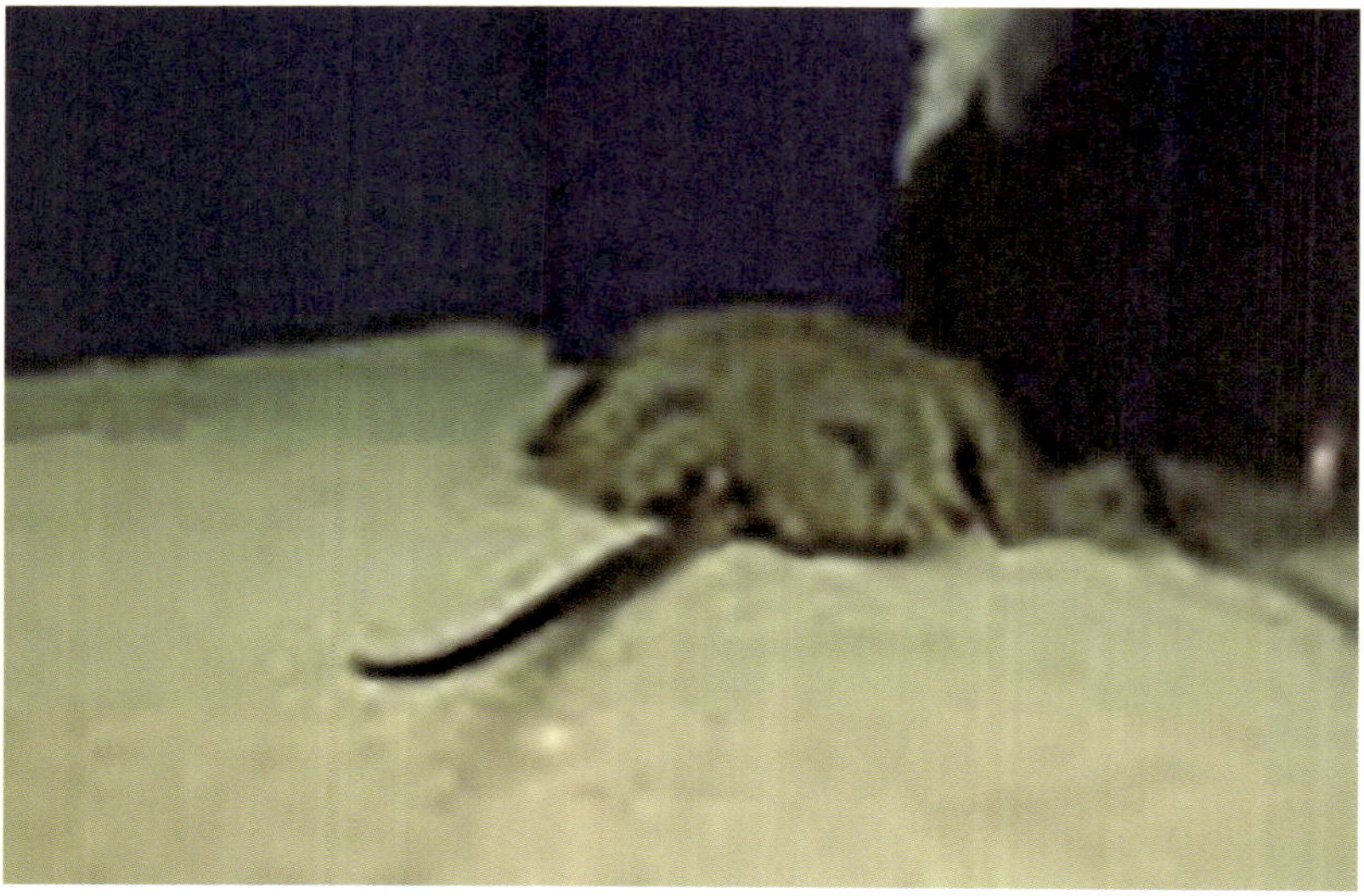

カブトガニ

能島城

急な潮の流れ

■杉渕尚さんの死を悼む

２０１７年３月に玉川大学を定年退職し、２年後に東京学芸大学を退職するとき、妻から、「あなたこれからどうするのですか」と尋ねられました。わたしは即座に「お城があるから大丈夫」と答えました。このように答えられたのは、杉渕尚さんの存在なくして考えられません。あなたは、わたしの城道《しろみち》への良き伝導者でありました。ブログを書きながら、しみじみそう思います。１００名城、続１００名城すべてに行くことができたのも、ともに城道を歩き、また、適切な情報を惜しげもなく提供してくれた、杉渕尚さん、あなたがいたからです。命のある限りこの道を歩いていきます。本当にありがとうございました。心から、ご冥福をお祈りします。

特別寄稿

同行親子・元気な桃に出会う旅

令和6年4月15日、娘桃は44歳で旅立ちました。

徳島城の石垣です。阿波青石と言われる緑色片岩で出来ています。

5年前に娘桃と四国の城を辿る旅に出ました（14頁参照）。本丸まで続く一直線の急な階段を息を切らしながら登りました。

5年前、娘桃はこの急な階段を登ることができた。そう思うと感無量でした。

桃は、この3年間、体調不良で、最後は要介護で、デイサービス、訪問看護、訪問医療等福祉関係の方々のお世話になって生活をしていました。

しかし、脳に出血の小さな痕跡が発見される前までは、元気に普通の暮らしをしていたことを実感できました。

徳島城の石垣

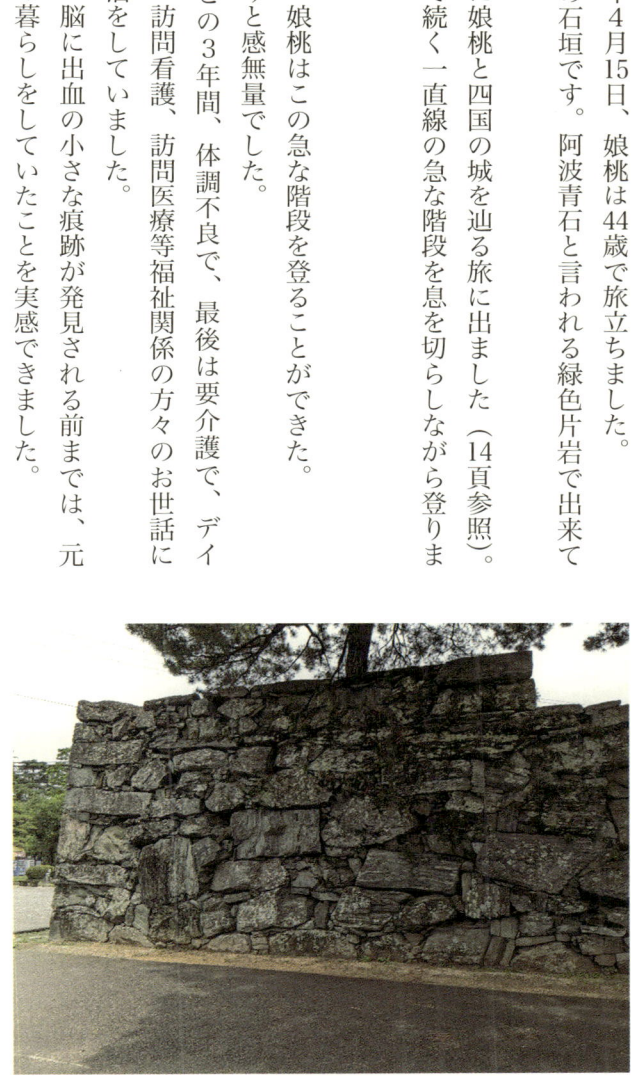

徳島城の急な階段

徳島城本丸

桃は元気な人だったのです。

この広い本丸で椅子に座って息を整えながら、元気な桃の姿を思い浮かべる妻とわたしでした。

高知城です。

大手門と天守が現存で残っている城は、高知城、丸亀城、弘前城だそうでとても珍しい。現存の大手門と天守が同時にカメラに収まるのはもっと珍しいそうです。

珍しいことをもう一つ紹介します。現存の12天守は137頁参照。現存の御殿は川越城、掛川城、二条城、そして高知城。そして、現存の天守と現存の御殿が同じ空間にあるのは高知城だけです。天守の最上階ま

高知城　天守と大手門

高知城　現存の天守と御殿

高知城の急な階段

で行くには急な梯子状の階段を登らなければなりません。

妻は天守のない城はお城ではないと思っている人なので、高知城には大満足です。昨日の徳島城には復元の鷲の門しか、建物らしい建物はありませんから。

でも、わたしたちが何より嬉しかったのは、5年前の元気な桃に出会えたことです。この急な階段を登った桃がいたからです。

宇和島城です。

この天守の特徴は、鉄砲や弓矢を撃つために開けた○《まる》や□《しかく》の狭間《さま》がないことです。平和な時代の城です。戦うためというよりは、見せることを意識しているのでしょう。天守を真正面から見るためには、急な階段を20分歩かなければなりません。5年前の娘桃は、元気にここを歩いたのです。後ろ向きに立ち止まっているのは妻です。そこから遅れて立ち止まりカメラを構えているわたしがいます。

宇和島城天守

宇和島城　急な石の階段

大洲城高欄櫓・天守・台所櫓

松山城天守

大洲城と松山城です。

5年前に娘桃とわたしで回った四国の城を妻とわたしでその足跡を辿る旅も最終日になりました。大洲城は現存の高欄櫓と台所櫓の間に平成16年に木造天守を復元しました。松山城は12現存天守で姫路城とともに連結式の天守で、戦いのための備えがプンプン感じられる城です。両城ともに天守の上の階に行くには木造の梯子状の階段を登らなければなりません。桃は元気にここにきたのです。お遍路さんではありませんが、同行親子、元気な桃に出会えた旅です。

今回の旅は桃の死から間もない頃、妻から言い出しました。

「桃が行った四国の城に行ってみたい」

即、わたしは4月25日に飛行機とホテルの手配をしました。実は5年前の城めぐりは、当時、日本名城めぐりをしていたわたしが、妻と行く予定だったのです。出発前日になって、妻が発熱し、急遽桃と行くことになったのです。5年前のことが、今日のために仕組まれていたとしたら、何とドラマチックな話です。発病後3年、特に、この1年だけが44年の生涯の中で、特別な期間であったことを実感できた旅でした。昨夜帰京しました。

ふうちゃんのファミリーヒストリー　江戸城の石垣（あとがきにかえて）

東京都大田区本羽田に羽田山長照寺という日蓮宗のお寺があります。創建は１５５０〜１５９８年といわれている古刹です。ふうちゃんの菩提寺です。

このお寺の１０００ある墓地の3分の1が「伊東」家なのです。

羽田空港のある大田区羽田には「伊東」という姓が多いのです。友人が校長をしていた大田区立羽田小学校（ふうちゃんの両親の母校）では、伊東姓の子どもはファーストネームで呼ばれています。普通「お名前は」と聞かれて「いとう」と答えると「伊藤」と理解されることが多いです。わざわざ「東」の「いとう」ですと言わないと「伊東」と理解してもらえません。このお寺を訪問し住職さんから羽田の伊東家のルーツ「ふうちゃんのルーツ」についての話を聞きました。住職さんの話を聞く前の羽田の「伊東」についてのふうちゃんの理解は以下の通りです。

伊豆半島にある伊東の伊東祐親《すけちか》にかかわっていた人たちが、羽田に来て漁師になったという話です。母の従弟（故人）からおぼろげながら聞

いた話です。御巣鷹山に墜落した日航ジャンボ機の垂直尾翼は、伊豆半島下田沖に落下し東京湾の入り口で発見されました。確かに伊豆半島沖から東京湾の入り口への潮の流れがあることがわかりました。大河ドラマ『鎌倉殿の13人』にも伊東祐親（浅野和之演）は登場しました。八重（新垣結衣演）の父親で、義時（小栗旬演）の祖父です。祐親は平家側で頼朝（大泉洋演）を預かっていましたが、頼朝は政子の父北条時政を頼り、祐親は殺されます。ふうちゃんのご先祖は鎌倉時代のこの時、羽田に逃げてきたのではないかと勝手に思っていました。我が家も祖父の時代まで羽田で漁師をしていたことが分かっています。

前置きはさておき、ここからは住職さんの話です。

徳川家康が江戸城をつくるとき石垣の石を伊豆半島の伊東からも切り出して船で運んで江戸にもってきました。その仕事に伊東家のご先祖がかかわっていたというのです。仕事が済んだ後、伊豆の伊東には帰らず、江戸に残って住み着きました。羽田にも住み着いた人たちがいたのです。伊豆は日蓮聖人が流された土地で日蓮宗の信者が多かったようです。そこで、羽田に住み着いた人々は日蓮宗の古刹である長照寺の檀家になったのでしょうか。この話から、伊東祐親から我が家・ふうちゃんまでの空白の部分がつながりました。鎌倉時代ではなく、江戸時代に伊東から江戸・羽田に来たのです。徳川家康は江戸に多くの人々を各地から集めました。我が伊東家も家康によって江戸に集められた一員であったのです。わたしは、家康以前のネイティブ江戸人だと思っていましたが、そうではありませんでした。これから江戸城の石垣を見るとき我がご先祖様が運んできた石で出来ている、家康の下でご先祖様は仕事をしていたのだと思うことにします。石垣の黒い石は伊豆石（安山岩）です。

お城の勉強を始めて6年になります。私の先祖が江戸城づくりにかかわっていたなんて、思いもよらない大きな発見です。真っ先にわたしのお城の師匠、故杉渕尚さんに報告したい出来事です。春のお彼岸の1日杉渕さんのお墓参りに行くことができました。大宮にある広々とした霊園の中にありました。わたしのこの間の城についての思いを報告しました。日本城郭検定1級合格、伊東家のファミリーヒストリーなどです。わたしのこの間の城郭ウオッチングの大きな成果は、わたしの先祖を確かめたことです。

この本の元になる「ふうちゃんのお城ブログ」を執筆するに当たり、伊東潤先生の著作を活用させていただきました。先生の知見がわたしの城郭ウオッチングを支えてくださいました。御礼を申し上げます。また、日本城郭検定の問題を使用するに当たり日本城郭検定運営事務局にもお世話になりました。ありがとうございます。

本書をこのような形で上梓することができたのは、東京

図書出版の皆さんのおかげです。原稿の応募から今日まで本当にお世話になりました。心から感謝します。最後にわたしの城郭ウオッチングの一部に同行して、本書の発行を心待ちにしていた、２０２４年４月15日に急逝した娘、桃に献げます。

伊東富士雄

令和６（２０２４）年９月９日　76歳の誕生日　軽井沢にて

主な引用・参考文献

公益財団法人日本城郭協会監修『日本100名城公式ガイドブック』（学研プラス　2007）
公益財団法人日本城郭協会監修『続日本100名城公式ガイドブック』（学研プラス　2018）
公益財団法人日本城郭協会監修『日本城郭検定公式問題集　日本100名城編』（学研プラス　2012）
公益財団法人日本城郭協会監修『公式日本城郭検定過去問題集―2級・3級・4級編―』（学研プラス　2019）
公益財団法人日本城郭協会監修『公式日本城郭検定過去問題集―準1級・2級・3級編―』（ONE PUBLISHING　2023）
伊東潤『城を攻める　城を守る』（講談社　2014）
伊東潤『歴史作家の城めぐり〈増補改訂版〉』（幻冬舎　2021）
加藤理文『よくわかる日本の城　日本城郭検定公式参考書』（学研プラス　2017）
三浦正幸監修『お城のすべて』（学研プラス　2010）
千田嘉博、森岡知範共著『江戸始図でわかった「江戸城」の真実』（宝島社　2017）
西ヶ谷恭弘『江戸城　その全容と歴史』（東京堂出版　2009）
萩原さちこ『江戸城の全貌』（さくら舎　2017）
萩原さちこ『地形と立地から読み解く「戦国の城」』（マイナビ出版　2018）
佐々木健策『戦国期小田原城の正体』（吉川弘文館　2024）
中村彰彦『保科正之』（中央公論新社　1995）
中村博司『大坂城全史』（筑摩書房　2018）

加藤祐三『黒船異変―ペリーの挑戦―』（岩波書店　1988）
社会科の初志をつらぬく会『考える子ども』第405号（社会科の初志をつらぬく会　2021）
『わたしたちの松本城』（松本市教育委員会　2017）
『新わたしたちの三谷』（杉並区立三谷小学校　2006）
加藤理文・中井均『日本の城を極める』（ワン・パブリッシング　2023）
伊東富士雄『小学校社会科「新教材」授業設計プラン　教材ウオッチング&授業アイディア』（明治図書　2009）

伊東　冨士雄（いとう　ふじお）

1948年９月東京都大田区生まれ
1972年３月東京学芸大学Ａ類社会科卒業
東京都大田区立北糀谷小学校教諭
東京学芸大学附属世田谷小学校教諭
町田市教育委員会指導主事
東京都教育庁指導部初等教育指導課指導主事
東京都立教育研究所相談部指導主事
東京都教育相談センター統括指導主事
杉並区立杉並第十小学校校長
杉並区立三谷小学校校長
玉川大学客員教授（社会科教育指導法担当）
東京学芸大学非常勤講師（社会科教育指導法、生活科教育指導法担当）
中央教育審議会専門委員
社会科教育連盟代表総務
全国小学校社会科研究協議会事務局長

【お城関係】
日本城郭協会会員
日本100名城、続日本100名城ウオッチング終了（2019年11月）
日本城郭検定１級合格（2021年６月）
ふうちゃんのお城ブログ執筆中（https://blog.goo.ne.jp/fuhchan2399）

【主な著書】
『個性を生かす一斉学習をどう進めるか』（東洋館出版社、1989年）
『子どもが動く教材をどう研究・開発するか』編著（東洋館出版社、1989年）
『おもしろ授業のアイディア　社会』編著（東洋館出版社、1998年）
『小学校社会科「新教材」授業設計プラン　教材ウオッチング＆授業アイディア』（明治図書、2009年）

城郭ウオッチングのすすめ

2024年12月19日　初版第１刷発行

著　　者　伊東冨士雄
発 行 者　中 田 典 昭
発 行 所　東京図書出版
発行発売　株式会社 リフレ出版
〒112-0001　東京都文京区白山 5-4-1-2F
電話 (03)6772-7906　FAX 0120-41-8080
印　　刷　株式会社 ブレイン

ISBN978-4-86641-785-1 C0095
Printed in Japan 2024
日本音楽著作権協会(出)許諾第2406511-401号